Feines Naschwerk

Feines Naschwerk

Rezepte für Pralinen, Trüffeln, Nugat, Bonbons, kandierte Früchte und mehr

Annie Rigg

Fotografien von Tara Fisher

EMF

EIN BUCH DER
EDITION MICHAEL FISCHER

Bibliografische Information der Deutschen Bibliothek.

Die Deutsche Bibliothek verzeichnet diese Publikation in der deutschen Nationalbibliografie.

Detaillierte bibliografische Daten sind im Internet über http://www.d-nb.de/ abrufbar.

Ein Buch der Edition Michael Fischer

1. Auflage 2014

Erstveröffentlicht bei Kyle Books, London

Titel der Originalausgabe: Sweet things

Aus dem Englischen übertragen von Christiane Manz, München und Stephanie Baufeldt, Augsburg
Satz: Friederike Winter

ISBN 978-3-86355-241-1

Printed in China

www.emf-verlag.de

Inhalt

Ich leugne es nicht –

Süßes macht mich schwach.

Das war schon immer so und wird wohl auch immer so sein. Wenn es darum geht, Süßes zu essen oder zuzubereiten, drängt es mich hin wie die Motte zum Licht. Süßwarenläden und Chocolaterien üben auf mich eine fast magnetische Anziehungskraft aus. Bonbongläser, die bis zum Rand gefüllt sind mit Süßigkeiten in allen Regenbogenfarben und in jeder nur erdenklichen Geschmacksrichtung, kakaobestäubte Trüffeln und Schokotäfelchen in Silberfolie, die das Auge und die Geschmacksnerven gleichermaßen verzaubern – wenn ich von solchen Wonnen umgeben bin, fühle ich mich wie im siebten Himmel.

Meine intensivsten und schönsten Kindheitserinnerungen an Kulinarisches haben immer mit Dingen zu tun, die Unmengen Zucker enthalten – ich erinnere mich lebhaft an die kleinen rosa-weiß gestreiften Spitztüten aus Papier, die mit pastellfarbenen Drops in Buchstabenform gefüllt waren, aber auch daran, wie ich mir nach dem Schwimmunterricht mit meiner Mutter einen Schokoriegel mit Karamellfüllung teilte oder beim Wandern auf dem Land Toffees mit meinem Großvater naschte.

Am Wochenende bekamen wir Taschengeld, das wir ausgeben durften, wofür wir wollten. Es war nicht viel, daher bedurfte es gründlicher Überlegung, wie wir es am besten investieren konnten – frühe Lektionen in Marktwirtschaft anhand von Süßigkeiten. War es am rentabelsten, wenn ich mein Taschengeld für eine bunte Mischung von Süßigkeiten für 1 Penny ausgab, oder sollte ich lieber 50 Gramm Brausepulver, Lakritz-Allerlei und weiche Fruchtbonbons kaufen? Durch solche Entscheidungen verfeinerte ich meinen Geschmackssinn für Süßes von jungen Jahren an.

Inzwischen hat sich meine Leidenschaft für Süßes in meine Küche übertragen. Die Herstellung von Bonbons und Pralinen ist dem Backen (das zufällig in meinem Leben auch eine große Rolle spielt) nicht unähnlich: Sie brauchen dazu etwas Ruhe in der Küche und am Ende haben Sie Köstlichkeiten, die allen Freude bereiten – Ihnen selbst ebenso wie den Glücklichen, die am Erfolg Ihrer Bemühungen teilhaben dürfen. Eine Stunde, die man der wunderbaren Entstehung von Marshmallows oder Nugat widmet, ist in meinen Augen wertvoll verbrachte Zeit.

Ihre Freunde und Ihre Familie werden Augen machen, und sie werden Sie noch mehr lieben, wenn Sie ihnen die Früchte Ihrer Arbeit verehren – denn schließlich sind selbst gemachte Naschereien zum Verschenken und Teilen da. Süßes gehört zwar nicht gerade zu den Säulen gesunder Ernährung, aber es macht das Leben köstlicher.

Für jeden Anlass gibt es eine Leckerei – ob Weihnachten, Valentinstag, Ostern, Hochzeiten oder Junggesellinnenabschiede. In England schmücken die traditionellen rot-weiß gestreiften Zuckerstangen zur Weihnachtszeit jede festliche Tafel, Liebe kann man mit herzförmigen Marshmallows oder Schokoladentrüffeln ausdrücken und am Kindergeburtstag gibt es bunte Pünktchen-Bonbons oder Brausepulver mit Lollis zum Dippen – lassen Sie keine Gelegenheit für hausgemachte Süßigkeiten aus.

Doch ich stelle solche Naschereien nicht nur sehr gern her, mindestens genauso glücklich macht es mich, sie zu verschenken. Appetitlich und schön verpackt vermitteln sie dem Beschenkten: „Ich habe mir Gedanken gemacht, was du gerne magst und was dir Freude bereiten würde." Eine Schachtel selbst gemachter Trüffelpralinen, verziert mit einer hübschen Schleife, ist ein so viel persönlicheres Dankeschön für eine Einladung zum Abendessen als eine gekaufte Schachtel Pralinen. Ich gehe davon aus, dass die meisten Rezepte aus diesem Buch als Geschenk oder für einen bestimmten Anlass umgesetzt werden. Das bedeutet aber nicht, dass Sie nicht zwischendurch einfach zum Spaß salziges Karamellpopcorn für den Kinoabend oder Himbeerdrops für die Kinder herstellen dürfen.

Alle Rezepte in diesem Buch wurden in einer Küche mit normaler Ausstattung gründlich getestet; das Ausgefallenste, was Sie brauchen, sind ein Zuckerthermometer, einige hochwertige Töpfe mit schwerem Boden und eventuell einige Pralinen- oder Bonbon-Gießformen. Ich habe mich bemüht, Küchenutensilien wie Töpfe und Bleche in Größen zu verwenden, die Sie vermutlich bereits zu Hause haben und die leicht zu beschaffen oder durch andere zu ersetzen sind. Hochwertige Gießformen sind heute auch für Hobbyköche problemlos erhältlich; früher waren sie den Konditoren und Chocolatiers vorbehalten, aber heute findet man sie im Internet in jeder denkbaren Form, Größe und Preisklasse. Es war nie einfacher, Pralinen und andere Naschereien selbst herzustellen.

Ich bin mir der Herausforderungen, die die Herstellung von Süßigkeiten in sich birgt, allzu bewusst. Die meisten meiner ersten Versuche endeten im Desaster, weil ich nicht gut genug vorbereitet war: Wenn man versucht, gleichzeitig Backpapier aufs Blech zu legen, mit Zuckerthermometer und kochend heißem Sirup zu hantieren, Mandeln zu hacken und schnell noch Kuvertüre zu schmelzen (die dann wahrscheinlich anbrennt), muss das ja ins Chaos führen. Am Anfang eines Rezepts steht also nicht ohne Grund, man soll zuerst die Nüsse hacken und die Schokolade schmelzen; meistens bedeutet das, dass ich schon einmal Nüsse verbrennen ließ und flüssige Schokolade auf den Fußboden schüttete, die Küche mit flüssigem Karamell überzog, Marshmallow-Masse auf den Hund tropfen ließ und noch mal von vorn beginnen musste.

Gute Vorbereitung ist bei der Herstellung von Süßigkeiten der Schlüssel zum Erfolg – wiegen Sie Ihre Zutaten ab und legen Sie die benötigten Utensilien bereit, bevor Sie einen einzigen Gedanken daran verschwenden, die Kuvertüre zu schmelzen oder den Sirup zum Kochen zu bringen.

Ich habe mich bemüht, die Rezeptmengen für Hobbyköche in einem vernünftigen Rahmen zu halten – es ist ziemlich nervenaufreibend, mit einem schweren Topf mit kochend heißem Karamell zu hantieren oder eine riesige Schüssel teure Schokolade zu temperieren. Die meisten Süßigkeiten in diesem Buch sind nicht so lang haltbar wie ihr Gegenstück aus dem Laden, aber gut verpackt halten sie mindestens eine Woche. Nach meiner Erfahrung verschwinden hausgemachte Leckereien aber ohnehin blitzschnell – oft sogar schon, bevor man dazu kommt, sie zu verpacken.

Das Buch hält süße Köstlichkeiten für jede Jahreszeit, jeden Anlass und jedes Können genauso bereit wie jede Menge Glücksgefühle. Besorgen Sie also ein Zuckerthermometer, machen Sie sich auf die Suche nach fantastisch schmeckender Kuvertüre und entdecken Sie die Freude an der Herstellung selbst gemachter Süßigkeiten!

Grundlagen

Zuckerthermometer

Manche Menschen (einschließlich meiner Mutter) haben eine irrationale Abneigung gegen Rezepte, in denen ein Zuckerthermometer vorkommt. Ich verstehe das nicht. Warum sollte man Zeit, Mühe und Zutaten mit Raterei verschwenden? Ein Zuckerthermometer ist ein Freund, eine Versicherungspolice und, zumindest in meiner Küche, ein Arbeitspferd. Es ist auch nicht teuer; es kostet etwa so viel wie die Zutaten, die Sie für zwei Versuche zur Herstellung von Karamellbonbons benötigen, die missglückt sind, weil Sie kein Thermometer benutzt haben. Sie würden ja bestimmt auch keinen Kuchen backen und das Gewicht der Zutaten oder die Backofentemperatur nur schätzen; das Gleiche gilt für Zuckerthermometer bei der Herstellung von Sirup oder Karamell. Alle Rezepte, in denen ein Zuckerthermometer aufgeführt ist, wurden mit einem Thermometer getestet – und für perfekte Resultate empfehle ich Ihnen, ebenfalls eines zu benutzen.

Ich selbst verwende am liebsten ein altmodisches, analoges Zuckerthermometer aus Messing mit einer großen Skala, sodass man es auf einen Blick ablesen kann, und das sich heiß abspülen lässt. Mit einem solchen Thermometer brauche ich mir auch keine Gedanken über leere Batterien oder eine kaputte Elektronik zu machen. Doch ganz gleich, was für ein Zuckerthermometer Sie benutzen, Sie sollten es regelmäßig eichen bzw. ganz genau überprüfen, ob es noch die korrekte Temperatur anzeigt, vor allem, wenn es neu ist oder Sie es länger nicht mehr benutzt haben. Aber keine Angst, das ist ganz einfach: Stellen Sie einen Topf Wasser auf den Herd, hängen Sie das Thermometer am Topfrand ein und bringen Sie das Wasser zum Kochen. Wenn das Wasser kocht, sollte das Thermometer 100 °C anzeigen. Weicht es nur um ein paar Grad ab, zeichnen Sie dort einen Eichstrich ein und passen Sie die Kochtemperaturen der Süßigkeiten, die Sie zubereiten, entsprechend an. Wenn es aber sehr stark abweicht, sollten Sie ein neues kaufen. Ich überprüfe mein Thermometer regelmäßig, egal, wie alt es ist, um sicher zu sein, dass die Anzeige perfekt stimmt.

Thermometer zum Temperieren von Kuvertüre

Wenn man kein erfahrener Chocolatier ist, ist es ohne ein entsprechendes Thermometer schwierig, Kuvertüre richtig zu temperieren. Falls Sie ein digitales Zuckerthermometer mit Edelstahlsensor besitzen, können Sie es auch für die Kuvertüre benutzen. Andernfalls brauchen Sie dafür ein spezielles, genaueres Thermometer. Halten Sie idealerweise Ausschau nach einem Kunststoffspatel (oder Teigschaber), bei dem im unteren Teil ein Thermometer integriert ist; dieses zeigt am genauesten die Temperatur der Kuvertüre an – und nicht die des Schüsselbodens, der heißer ist. Ein Thermometer sollte daher beim Messen nie auf dem Schüsselboden aufsitzen. Halten Sie Ihr Thermometer immer makellos sauber – der kleinste Tropfen Wasser oder Fett ruiniert die Kuvertüre, die Sie temperieren.

Zutaten

Mein Küchenmantra besagt, dass man immer die besten Zutaten verwenden soll, die der Geldbeutel zulässt. Diesen Grundsatz wende ich auch auf die Herstellung süßer Leckereien an.

In meinem Vorratsschrank befinden sich mehrere Sorten **Zucker**, darunter immer Feinstzucker (feinster Backzucker), heller Muskovado-Zucker und heller Farinzucker. Bewahren Sie Zucker in luftdichten Gläsern oder Dosen auf, damit er nicht austrocknet oder den Geschmack von anderen Lebensmitteln annimmt. Besonders schnell trocknet Muscovado-Zucker aus, wenn er nicht luftdicht verpackt ist. Sorgen Sie auch für einen Vorrat an hellem und dunklem Zuckerrübensirup, Ahornsirup und Kondensmilch, damit Sie jederzeit eine Portion Fudge oder Karamell zaubern können.

Butter sollte immer frisch, hochwertig und ungesalzen sein. Milch und Sahne sollten ebenfalls frisch und idealerweise Bio-Qualität haben. Das Gleiche gilt für Eier, die bei der Verarbeitung zimmerwarm sein sollten; daher eine Viertelstunde vorher aus dem Kühlschrank nehmen.

Hochwertige **Vanilleschoten** bestelle ich meist vakuumverpackt in größerer Menge – 10 oder 15 Stück – bei einem Online-Fachhändler, anstatt sie einzeln im Supermarkt zu kaufen. Das ist langfristig nicht nur günstiger, man bekommt auch eine breite Auswahl, was Geschmack und Herkunft – von Uganda bis Polynesien – angeht. In einem luftdichten Glas aufbewahrt, halten Vanilleschoten viele Monate lang.

Hochwertiger **Vanilleextrakt** ist online erhältlich und sollte nicht mit Vanillearoma verwechselt werden; das ist etwas ganz anderes und kommt mir nicht in die Küche. Ein guter Kompromiss ist **Vanillepaste,** die ein Konzentrat aus Vanilleschoten und Vanilleextrakt enthält. Siehe Seite 172 für Bezugsquellen.

Lassen Sie uns nun kurz über **Kuvertüre** sprechen. Ich verwende eine große Menge davon – nicht nur für Pralinen und andere Schokoleckereien, sondern auch zum Backen – und spare nie an der Qualität. Die beste Kuvertüre zu kaufen, die Sie sich leisten können, ist jeden zusätzlichen Cent wert. Ich verwende Zartbitterkuvertüre mit einem Kakaoanteil von etwa 60 bis 68%; sie schafft meiner Meinung nach das beste Gleichgewicht zwischen feinem Aroma und üppigem Genuss. Ist mehr Kakao enthalten, kann er mit den anderen Zutaten in Wettstreit treten und subtilere Aromen überdecken. Doch das hängt natürlich von Ihrer persönlichen Vorliebe ab. Hochwertige Schokolade, wie Valrhona, kann man als Chips statt im Block kaufen – das macht das Abwiegen und das Schmelzen einfacher.

Obst sollte immer frisch und saisonal sein, damit man den bestmöglichen Geschmack erzielt. Trockenfrüchte und Nüsse sollten deutlich vor ihrem Verfallsdatum verwendet werden. Nüsse, die nicht mehr ganz frisch sind, können ranzig und ölig schmecken.

Nehmen Sie zum Einfetten der Formen geschmacksneutrales **Pflanzenöl**. Ich verwende am liebsten Sonnenblumenöl; aber vermeiden Sie Bio-Sonnenblumenöl, denn es hat oftmals einen starken Eigengeschmack.

Gewichte und Mengen

Mengen, die als Esslöffel (EL) oder Teelöffel (TL) angegeben sind, beziehen sich auf gestrichene standardisierte **Messlöffel**, falls nicht anders angegeben. Sie kommen in meiner Küche am häufigsten zum Einsatz. Wenn es Ihnen mit dem Kochen ernst ist und Sie noch keinen Messlöffel haben, dann sollten Sie diese kleine Investition tätigen. Teelöffel, mit denen man Tee oder Kaffee umrührt, kommen in allen möglichen Formen und Größen vor und werden weder bei der Süßigkeitenherstellung noch beim Backen für einheitliche Resultate sorgen.

Eine **digitale Küchenwaage** ist ebenfalls ein Muss. Bei vielen Waagen kann man das Gewicht jedesmal wieder auf null setzen, wenn man eine Zutat hinzugefügt hat. Das ist ausgesprochen praktisch, denn es vereinfacht das Wiegen mehrerer Zutaten und reduziert den Abwasch. Stellen Sie den Topf oder die Schüssel auf die Waage, setzen Sie diese auf null und fügen Sie eine Zutat hinzu; setzen Sie die Waage wieder auf null und so weiter.

Weitere Utensilien

Einige **Konditorpaletten** in verschiedenen Größen sind sehr nützlich, insbesondere eine Winkelpalette mit versetzter Klinge. Damit lassen sich die Oberflächen von Marshmallows, Nugat oder Karamell kinderleicht glatt streichen, wenn man die Mischungen auf das Kuchenblech gießt. Kleinteilige Kreationen wie Pralinen lassen sich problemlos vom Backblech heben.

Hitzebeständige Teigschaber sind in meiner Küche ebenfalls hoch angesehen – ich habe mehrere in verschiedenen Größen und Farben. Sie sind ideal, um Karamell, Fruchtpürees und Türkisches Konfekt umzurühren und in Winkel der Töpfe zu gelangen, in die kein Holzlöffel kommen würde.

Pralinengabeln für das Glasieren von Trüffeln in geschmolzener Kuvertüre machen aus dieser manchmal klebrigen Angelegenheit einen einfachen Job. Sie sind preisgünstig und in verschiedenen Formen und Größen erhältlich. Ich benutze eine Spiral-Pralinengabel für runde Trüffeln und eine Pralinengabel mit drei Zinken für rechteckige oder quadratische Pralinen.

Töpfe. Ich habe keine riesige Auswahl an Töpfen zu Hause. Alle, die ich besitze, haben einen schweren Boden, sind qualitativ hochwertig und werden noch jahrelang halten. Ein solider Topfboden ist von essenzieller Bedeutung: Dadurch wird gewährleistet, dass sich der Inhalt gleichmäßig erhitzt und dass Zucker nicht sofort am Topfboden ansetzt. Die drei Töpfe, die ich am häufigsten benutze, haben ein Fassungsvermögen von 1 Liter, 1,8 Litern und 2,5 Litern. Ich verwende außerdem lieber Töpfe mit nur einem langen Griff als solche, die auf beiden Seiten einen Griff haben; damit lassen sich kochend heiße Mischungen einfacher und gleichmäßiger ausgießen.

Schokolade: Pralinen & mehr

Pralinenherzen

Aztekentrüffeln

Earl-Grey-Trüffeln

Erdnuss-Himbeer-Trüffel-Lollis

Meersalz-Karamell-Pralinen

Passionsfrucht-Pistazien-Trüffeln

Rosentrüffeln

Zartbittere Orangen-Schoko-Würfel

Schokosalami

Karamell-Nugat-Riegel

Flødeboller

Erdnussbutter-Cupcakes

Kirsch-Kokos-Bomben

Schoko-Nugat-Stücke

Mandel-Karamell-Schoko-Crunch

Valentinstagsherzen

Pfefferminzpralinen

Marzipan-Orangen-Pralinen

Gesprenkelte Mini-Ostereier

Nussige Marmorschokolade

Feine Taler

Kreative Schokotafeln

Trinkschokolade am Stiel

Ob Vollmilch, weiß oder dunkel: Schokolade spielt eine große Rolle in meinem Leben und in meiner Küche. Es vergeht kaum ein Tag, an dem ich nicht ein bisschen davon nasche.

Alle Pralinenrezepte in diesem Buch sind mit hochwertiger Kuvertüre, etwa von Valrhona, getestet (und verkostet) worden. Die Welt der Schokolade ist unglaublich vielfältig – nehmen Sie sich Zeit und probieren Sie internationale Spezialitäten aus verschiedenen Kakaobohnen, bis Sie das finden, was Ihrem Geschmack, Ihren Bedürfnissen und Ihrem Budget entspricht. Ich verwende Zartbitterkuvertüre am liebsten mit mittlerem Kakaoanteil – etwa 60 bis 68%. Mehr Kakao kann die delikaten Aromen in Trüffeln und Schokotafeln überdecken; Kuvertüre mit niedrigerem Anteil ist dagegen oft etwas zu süß. Ein höherer Kakaoanteil bedeutet allerdings nicht per se feineren Geschmack oder bessere Qualität; er besagt einfach, dass die Schokolade weniger Zucker enthält.

Hochwertige Kuvertüre ist heute leicht erhältlich, entweder im spezialisierten Online-Handel oder in Feinkostgeschäften. Die meisten Qualitätsmarken werden im Block oder in Tafeln, aber auch als Chips (sogenannten Callets) verkauft. Ich verwende gern Chips, denn sie lassen sich leicht abwiegen und schmelzen. Kuvertüre sollte immer gut verpackt an einem kühlen, trockenen und dunklen Ort aufbewahrt werden, abseits von Lebensmitteln mit starken Aromen, damit sie keinen Fremdgeschmack annimmt.

In diesem Kapitel finden Sie Rezepte für jeden Geschmack und jedes Können: von einfachen Schokotafeln über aromareiche Trüffeln, die auf der Zunge zergehen, bis hin zu raffinierten Pralinen und Ostereiern.

Kuvertüre temperieren oder nicht? Das können Sie völlig selbst entscheiden. Denken Sie allerdings daran, dass nur temperierte Kuvertüre hausgemachten Pralinen jenen Glanz und Biss verleiht, durch den sie wirken, als wären sie aus der Patisserie. Auf Seite 24 finden Sie Tipps zur Temperierung. Wie auch immer Sie sich aber entscheiden, Ihre Schokokreationen werden in jedem Fall fantastisch schmecken.

Ich liebe Herzen! Diese Pralinen habe ich daher herzförmig in verschiedenen Größen aus der Canache ausgestochen und mit Vollmilch- bzw. Zartbitterkuvertüre überzogen. Wenn Sie Herz-Gießformen aus Plastik oder Silikon besitzen, können Sie sie ebenfalls verwenden; befolgen Sie dann die Anleitung zur Herstellung von Pralinenhohlkörper auf Seite 51 und füllen Sie diese mit der Canache. Aber vielleicht wollen Sie ja gar keine herzförmigen Pralinen – dann kühlen Sie die Canache und rollen Sie sie zu Trüffeln, entsprechend der Anleitung auf Seite 16.

Pralinenherzen

Ergibt 20 bis 25 Stück

100 g blanchierte Haselnüsse
75 g Feinstzucker
75 g Zartbitterkuvertüre (64 % Kakaoanteil), grob gehackt
150 g Vollmilchkuvertüre, grob gehackt
125 ml Crème double
½ TL Vanillepaste (oder Mark von ½ Vanilleschote)
1 Prise Salz

Für die Glasur

150 g Vollmilchkuvertüre, grob gehackt
150 g Zartbitterkuvertüre, grob gehackt
1 EL kristallisierte Rosenblütenblätter oder Zuckerstreusel

Utensilien

Kuchenblech, 20 x 30 cm
herzförmige Ausstechformen in verschiedenen Größen
Einwegspritzbeutel

Aufbewahrung

Im Kühlschrank halten sich die Herzen, lagenweise zwischen Wachspapier geschichtet und luftdicht verpackt, bis zu 1 Woche.

Den Backofen auf 170 °C vorheizen, das Kuchenblech mit Backpapier auslegen.

Die Haselnüsse im Backofen 4 Minuten backen, bis sie goldgelb sind. Beiseitestellen.

Den Zucker mit 1 EL Wasser in einen kleinen Topf mit schwerem Boden geben und ohne Rühren bei schwacher Hitze auflösen; Zuckerkristalle, die sich am Topfrand bilden, mit einem sauberen, in heißes Wasser getauchten Backpinsel einrühren. Den Sirup zum Kochen bringen und gleichmäßig köcheln lassen, bis er zu bernsteinfarbenem Karamell wird. Haselnüsse hineingeben, alles vermengen und anschließend auf eine Lage Backpapier gießen. Vollständig abkühlen lassen.

Die Haselnussmasse in Stücke brechen, in der Küchenmaschine auf hoher Stufe fein mahlen und weitermixen, bis eine leicht körnige Paste entsteht, fast wie Erdnussbutter. Beiseitestellen, während Sie die Canache zubereiten.

Kuvertüre, Crème double, Vanillepaste und Salz in eine feuerfeste Schüssel geben, diese über einen Topf mit leicht köchelndem Wasser setzen; der Schüsselboden darf das Wasser nicht berühren. Ständig rühren, bis sich die Kuvertüre in der Crème double aufgelöst hat und eine seidenweiche Canache entsteht. Vom Topf nehmen und einige Minuten abkühlen lassen, dann die Haselnussmasse unterheben. Die Canache auf das vorbereitete Kuchenblech geben und mit einer gewinkelten Konditorpalette glatt streichen. Abkühlen lassen, abdecken und im Kühlschrank fest werden lassen.

Die Canache aus dem Blech stürzen und das Backpapier abziehen. Herzen in verschiedenen Größen ausstechen, auf frisches Backpapier legen und erneut kühl stellen. In der Zwischenzeit die Kuvertüre für die Glasur vorbereiten.

Für die Verzierung mit dem Spritzbeutel 1 EL Vollmilch- oder Zartbitterkuvertüre beiseitestellen. Die übrige Kuvertüre nach der Anleitung auf Seite 24 temperieren. Mit einer Pralinen- oder Essgabel jedes Herz in die Kuvertüre tunken; überschüssige Kuvertüre in die Schüssel tropfen lassen. Die glasierten Herzen vorsichtig auf frisches Backpapier legen und mit Rosenblütenblättern oder Zuckerstreuseln bestreuen. Nun die beiseitegestellte Kuvertüre in den Spritzbeutel geben, in die Spitze ein sehr kleines Loch schneiden und die Herzen mit geraden und geschwungenen Linien oder mit Punkten verzieren. An einem kühlen Ort fest werden lassen.

Dies ist ein Grundrezept für Canache mit einigen besonderen Extras. Wenn Sie Klassisches und Schlichtes bevorzugen, lassen Sie die Gewürze weg und geben Sie stattdessen 1 oder 2 EL Brandy, Rum oder Marc de Champagne zur Sahne. (Abbildung auf Seite 18 links)

Aztekentrüffeln

Ergibt 25 bis 30 Stück

200 g Crème double
25 g heller Muskovado-Zucker
1 große Zimtstange
½ Vanilleschote, längs halbiert
½ TL zerstoßene Chiliflocken
2 dünne Streifen Orangenschale
1 Prise Salz
350 g Zartbitterkuvertüre

Für die Glasur
75 g Zartbitterkuvertüre, geraspelt

Aufbewahrung
Im Kühlschrank halten sich die Trüffeln luftdicht verpackt bis zu 1 Woche. 30 Minuten vor dem Servieren aus dem Kühlschrank nehmen.

Crème double, hellen Muskovado-Zucker, Zimtstange, Vanilleschote, Chiliflocken und Orangenschale in einen kleinen Topf geben. Salz hinzufügen und alles auf niedriger Stufe erhitzen, bis die Mischung heiß ist, aber noch nicht kocht. Vom Herd nehmen und mindestens 1 Stunde durchziehen lassen.

200 g Kuvertüre fein hacken und in eine Schüssel geben. Die Sahnemischung bei schwacher Hitze erneut aufkochen und anschließend durch ein feines Sieb auf die Kuvertüre streichen. 1 Minute ruhen lassen, dann zu einer glatten Canache verrühren. Abkühlen lassen und abgedeckt in den Kühlschrank stellen.

Mit einem Teelöffel von der Canache kirschgroße Nocken abstechen und mit den Händen zu glatten Kugeln formen. Diese Trüffeln auf ein mit Backpapier ausgelegtes Blech legen und nochmals 15 Minuten kalt stellen. Inzwischen die übrigen 150 g Kuvertüre in einer feuerfesten Schüssel über einem Topf mit leicht köchelndem Wasser schmelzen; der Schüsselboden darf das Wasser nicht berühren. Glatt rühren und die Schüssel vom Topf nehmen.

Auf einem großen, flachen Teller oder einem Backblech die geraspelte Kuvertüre für die Glasur verteilen. Mit einem Teelöffel etwas von der geschmolzenen Kuvertüre in eine Handfläche geben, mit der anderen Hand eine Trüffel darin wenden, bis sie vollständig überzogen ist. Anschließend die Trüffel in den feinen Schokoraspeln wenden, bis es auch hiervon ganz bedeckt ist. Mit den übrigen Trüffeln ebenso verfahren. Bis zum Servieren fest werden lassen.

Diese Trüffeln duften fein nach Bergamotte und Orange und sind in Handarbeit mit Schokolade überzogen. Da das Glasieren eine recht klebrige Angelegenheit werden kann, ist es eine Überlegung wert, ob man sich dazu ein zweites Paar Hände zu Hilfe holt. Natürlich können Sie auch einfach die Trüffeln mit einer Pralinengabel in die Kuvertüre tunken – das ist sauberer, aber auch ohne vergleichbaren Spaßfaktor. (Abbildung auf Seite 19 rechts)

Earl-Grey-Trüffeln

Ergibt 25 bis 30 Stück

1 gehäufter EL Earl-Grey- oder Jasmin-Teeblätter
1 ½ EL Feinstzucker
2 dünne Streifen Orangenschale
200 g Zartbitterkuvertüre
einige Tropfen Bergamotte-Öl (nach Belieben)
2 EL Crème double
1 kleine Prise Salz

Für die Glasur

150 g Zartbitterkuvertüre, gehackt
2 bis 3 EL Puderzucker (oder Kakaopulver)

Aufbewahrung

Im Kühlschrank halten sich die Trüffeln luftdicht verpackt bis zu 1 Woche. 30 Minuten vor dem Servieren aus dem Kühlschrank nehmen.

Für die Canache in einem kleinen Topf 150 ml Wasser mit den Teeblättern, Zucker und Orangenschale auf niedriger Stufe zum Kochen bringen, sodass sich der Zucker langsam auflöst. Den Topf vom Herd nehmen und mindestens 1 Stunde abkühlen und durchziehen lassen.

Die Kuvertüre fein hacken und mit dem Bergamotte-Öl in eine Schüssel geben. Crème double und Salz zum Tee-Sirup geben und alles bei mittlerer Hitze erneut aufkochen. 20 Minuten köcheln lassen und anschließend durch ein feines Sieb über die gehackte Schokolade streichen. 1 Minute stehen lassen, damit die Schokolade unter dem heißen Sirup schmilzt. Die Masse glatt rühren, abkühlen lassen und abgedeckt in den Kühlschrank stellen.

Mit einem Teelöffel von der Canache kirschgroße Nocken abstechen und mit den Händen zu gleichmäßigen Kugeln formen. Auf einem mit Backpapier ausgelegten Backblech verteilen und weitere 15 Minuten in den Kühlschrank stellen.

Für die Glasur die Kuvertüre in einer feuerfesten Schüssel über einem Topf mit leicht köchelndem Wasser schmelzen; der Schüsselboden darf das Wasser nicht berühren. Glatt rühren und vom Topf nehmen.

Puderzucker (oder Kakaopulver) auf einem großen, flachen Teller verteilen. Mit einem Teelöffel etwas geschmolzene Kuvertüre in eine Handfläche geben, mit der anderen Hand eine Trüffel darin wenden, bis sie vollständig überzogen ist. Anschließend die Trüffel in Puderzucker oder Kakao wenden, bis sie auch davon ganz bedeckt ist. Mit den übrigen Trüffeln ebenso verfahren; überschüssigen Puderzucker oder Kakao vorsichtig abschütteln und die Trüffeln vor dem Servieren an einem kühlen Ort fest werden lassen.

Diese Trüffeln kommen mal ganz anders daher. Ich liebe die Kombination aus Erdnussbutter und Himbeerpüree; dazu noch Schokolade, und der Erfolg ist garantiert. Wenn Sie keine Lollistiele zu Hause haben, können Sie die Trüffeln mit Himbeerpulver oder fein gehackter Gebrannte-Erdnuss-Masse bestreuen und sie servieren, wie sie sind. (Abbildung auf Seite 19 rechts)

Erdnuss-Himbeer-Trüffel-Lollis

Ergibt etwa 25 Lollis

60 g Feinstzucker, zzgl. 1 EL
100 g geröstete, gesalzene Erdnüsse
150 g frische Himbeeren
175 g Zartbitterkuvertüre, gehackt
75 g Vollmilchkuvertüre, gehackt
200 g Crème double
1 TL Vanilleextrakt (oder ½ TL Vanillepaste)
1 EL ungesüßte Erdnussbutter

Für die Glasur

200 g Zartbitterkuvertüre, gehackt

Utensilien

Lollistiele

Aufbewahrung

Im Kühlschrank halten sich die Trüffel-Lollis luftdicht verpackt bis zu 1 Woche. 30 Minuten vor dem Servieren aus dem Kühlschrank nehmen.

60 g Zucker mit 2 bis 3 TL Wasser in einen kleinen Topf geben und bei schwacher Hitze ohne Rühren auflösen. Den Sirup aufkochen und bei mittlerer Hitze köcheln lassen, bis er zu honigfarbenem Karamell wird; wegen der geringen Menge geht das blitzschnell. Die Erdnüsse zufügen und alles gründlich vermengen. Die Masse auf ein mit Backpapier ausgelegtes Backblech geben, kühl stellen und fest werden lassen.

Wenn die gebrannten Erdnüsse vollständig abgekühlt sind, in der Küchenmaschine oder mit einem Küchenmesser fein zerkleinern.

Himbeeren und 1 EL Zucker in einem kleinen Topf vermengen und bei schwacher bis mittlerer Hitze köcheln lassen, bis die Beeren sehr weich und saftig sind. Etwa 10 Minuten sachte weiterköcheln lassen, bis das Himbeerpüree um die Hälfte reduziert ist. Das Püree durch ein feines Sieb streichen und die Kerne entfernen. Sie sollten etwa 2 EL dickes, kernloses Himbeerpüree erhalten.

Die Kuvertüre in eine mittelgroße Schüssel geben. Crème double und Vanilleextrakt oder Vanillepaste in einem kleinen Topf aufkochen und 30 Sekunden lang köcheln lassen. Die heiße Sahnemischung über die Kuvertüre gießen, Erdnussbutter und Himbeerpüree dazugeben und alles vorsichtig glatt rühren. Etwas abkühlen lassen, die Hälfte der gebrannten Erdnüsse dazugeben und gründlich vermengen.

Die Canache abkühlen und abgedeckt 2 Stunden im Kühlschrank fest werden lassen. Herausnehmen, mit einem Teelöffel von der Canache kirschgroße Nocken abstechen und mit den Händen zu gleichmäßigen Kugeln formen. Gegebenenfalls in jede Trüffel einen Lollistiel stecken. Erneut 30 Minuten in den Kühlschrank stellen.

Inzwischen für die Glasur die Zartbitterkuvertüre in einer feuerfesten Schüssel über einem Topf mit leicht köchelndem Wasser schmelzen; der Schüsselboden darf das Wasser nicht berühren. Glatt rühren, von der Hitze nehmen und etwas abkühlen lassen.

Nacheinander jede Trüffel zuerst in die geschmolzene Schokolade tauchen (überschüssige Schokolade zurück in die Schüssel tropfen lassen), in die übrigen Erdnusssplitter drücken und auf Backpapier fest werden lasssen.

Das sind vermutlich meine Lieblingspralinen – der Kontrast zwischen dem cremig-feinen Karamell, der üppigen (aber nicht zu üppigen) Canache und der knusprigen, dunklen Schokohülle ist einfach nicht zu übertreffen. Wenn Sie Kakao zum Bestäuben nehmen, wählen Sie sehr hochwertigen, ohne ungewollte Zusätze. (Abbildung auf Seite 18 bis 19 Mitte)

Meersalz-Karamell-Pralinen

Ergibt etwa 30 bis 40 Stück

125 g Vollmilchkuvertüre, fein gehackt
125 g Zartbitterkuvertüre, fein gehackt
50 g Feinstzucker
125 ml Crème double
50 g heller Muskovado-Zucker
25 g Butter
1 TL Vanilleextrakt (oder ½ TL Vanillepaste)
1 Msp. Meersalzflocken

Für die Glasur

200 g Zartbitterkuvertüre, gehackt
100 g Kakaopulver

Utensilien

quadratisches Kuchenblech, 18 cm

Aufbewahrung

Im Kühlschrank halten sich die Pralinen, lagenweise zwischen Wachspapier geschichtet und luftdicht verpackt, bis zu 1 Woche. 30 Minuten vor dem Servieren aus dem Kühlschrank nehmen.

Backblech mit Frischhaltefolie oder Backpapier auslegen.

Kuvertüre in eine mittelgroße Rührschüssel geben und beiseitestellen.

Den Feinstzucker mit 2 bis 3 TL Wasser in einen kleinen Topf geben und bei schwacher bis mittlerer Hitze den Zucker auflösen, ohne zu rühren. Den Sirup aufkochen und weiterköcheln lassen, bis er zu bernsteinfarbenem Karamell wird; wegen der geringen Menge geht das blitzschnell. Den Topf vom Herd nehmen, Crème double, hellen Muskovado-Zucker, Butter und Vanilleextrakt oder Vanillepaste dazugeben. Falls der Karamell inzwischen hart geworden ist, noch einmal bei schwacher Hitze schmelzen. Glatt rühren und aufkochen. Die heiße Karamellsahne auf die gehackte Kuvertüre gießen, das Salz dazugeben, kurz umrühren und anschließend in 2 bis 3 Minuten schmelzen lassen. Die Canache zu einer gleichmäßigen Masse aufschlagen, in das vorbereitete Backblech gießen und mit einer gewinkelten Konditorpalette glatt streichen. Abkühlen lassen und abgedeckt mindestens 3 Stunden im Kühlschrank fest werden lassen.

Für die Glasur die Kuvertüre in einer feuerfesten Schüssel über einem Topf mit leicht köchelndem Wasser schmelzen; der Schüsselboden darf das Wasser nicht berühren. Die geschmolzene Kuvertüre glatt rühren, vom Topf nehmen und leicht abkühlen lassen. Das Kakaopulver auf einem großen, flachen Teller verteilen.

Die Canache vom Backblech stürzen, Frischhaltefolie oder Backpapier abziehen und die Canache mit einem heiß abgespülten Küchenmesser in mundgerechte quaderförmige Pralinen schneiden. Jeweils 2 oder 3 Pralinen auf einmal in die geschmolzene Schokolade tauchen und darin wenden, sodass sie vollständig überzogen sind. Mit einer Pralinen- oder Essgabel herausheben, die Gabel leicht an die Schüssel klopfen, damit überschüssige Kuvertüre abtropft. Sofort die Pralinen im Kakaopulver wenden und anschließend 4 bis 5 Minuten fest werden lassen. Vor dem Servieren überschüssiges Kakaopulver abschütteln.

Diese Trüffeln werden in mehreren Schritten verziert; ich finde, jeder davon ist seine Mühe wert. Natürlich können Sie die Trüffeln aber auch nur in (hochwertigem) Kakaopulver rollen oder nach der Pistazienschicht aufhören. Wenn Sie es aber ernst meinen, so wie ich, dann hüllen Sie die pistazienverzierten Trüffeln noch in weiße Schokolade. Verwenden Sie unbedingt blanchierte Pistazien – ihr leuchtendes Grün sorgt für den besonderen Effekt. Wenn Sie keine finden, blanchieren Sie normale Pistazien 30 Sekunden in kochendem Wasser und schrecken sie ab – die dünne Haut sollte sich ganz leicht mit den Fingern ablösen lassen. Lassen Sie die Pistazien auf Küchenpapier gründlich trocknen, bevor Sie sie klein hacken.

Passionsfrucht-Pistazien-Trüffeln

Ergibt 25 bis 30 Stück

- 4 bis 6 Passionsfrüchte
- 225 g Zartbitterkuvertüre, gehackt
- 100 ml Crème double
- 25 g Butter
- 1 EL Feinstzucker
- ½ TL Vanillepaste
- 1 Prise Salz
- 100 g blanchierte, ungesalzene Pistazien
- 150 g hochwertige weiße Kuvertüre, grob gehackt

Aufbewahrung

Im Kühlschrank halten sich die Trüffeln luftdicht verpackt bis zu 1 Woche.

Ein Sieb auf eine mittelgroße feuerfeste Schüssel setzen; die Passionsfrüchte halbieren, Fruchtfleisch und Saft mit einem Löffel durch das Sieb drücken. Es sollten sich etwa 3 EL Saft ergeben. Die schwarzen Kerne entfernen. Zartbitterkuvertüre, Crème double, Butter, Zucker, Vanillepaste und Salz dazugeben. Die Schüssel auf einen Topf mit leicht köchelndem Wasser stellen; die Schüssel darf das Wasser nicht berühren. Immer wieder rühren, sodass Kuvertüre und Butter schmelzen und eine glatte Masse entsteht. Vom Topf nehmen und zu einer seidig-glatten Masse verrühren. Canache erkalten lassen, mit Frischhaltefolie abdecken und in einigen Stunden fest werden lassen.

Inzwischen die Pistazien fein hacken – am leichtesten geht das nach meiner Erfahrung in einer Küchenmaschine mit Schlagmesser. Die Pistazien auf einem flachen Teller verteilen.

Die Schokotrüffelmischung mit den Händen zu kirschgroßen Kugeln formen und anschließend jede in den Pistaziensplittern rollen, sodass sie ein grünes Mäntelchen bekommen. Die Trüffeln 15 Minuten kalt stellen.

Die weiße Kuvertüre in einer feuerfesten Schüssel über einem Topf mit leicht köchelndem Wasser schmelzen; die Schüssel darf das Wasser nicht berühren. Glatt rühren, vom Topf nehmen und leicht abkühlen lassen. 1 gehäuften TL Kuvertüre in eine Handfläche geben. Mit der anderen Hand eine Trüffel komplett darin wenden. Mit den übrigen Trüffeln und der restlichen weißen Kuvertüre ebenso verfahren. Die glasierten Trüffel auf frisches Backpapier legen und an einem kühlen Ort fest werden lassen.

Diese Trüffeln verfeinere ich mithilfe essbarer getrockneter Rosenblätter; dadurch erhalten sie ein Aroma, das an die Küche des Nahen Ostens erinnert. Die Rosenblätter gibt es in gut sortierten Feinkostgeschäften, im Bio- oder Gewürzladen oder auch online. Die Canache wird zudem nicht mit Sahne, sondern mit Sirup hergestellt – so kann das delikate Rosenaroma durchscheinen, ohne dass sich eine andere Geschmacksrichtung in den Vordergrund drängt.

Rosentrüffeln

Ergibt etwa 20 Stück

1 EL essbare getrocknete Rosenblütenblätter
70 g Feinstzucker
350 g Zartbitterkuvertüre (64 % Kakaoanteil), fein gehackt
2 bis 3 Tropfen Bio-Rosenwasser, in Lebensmittelqualität (nach Belieben)
kristallisierte Rosenblütenblätter

Utensilien

quadratisches Backblech, 18 cm
digitales Thermometer zum Temperieren von Schokolade
runde Ausstechform, 2 cm

Aufbewahrung

Im Kühlschrank halten sich Rosentrüffeln, lagenweise zwischen Wachspapier geschichtet und luftdicht verpackt, bis zu 1 Woche.

Beginnen Sie mit dem Rosensirup: Die Rosenblütenblätter mit dem Zucker und 125 ml Wasser in einen kleinen Topf geben und bei schwacher Hitze den Zucker auflösen. Aufkochen, 1 Minute köcheln lassen und anschließend Sirup und Rosenblütenblätter in eine Schüssel geben; abkühlen lassen. Abdecken und über Nacht durchziehen lassen, damit die Rosenblütenblätter möglichst viel Aroma an den Sirup abgeben.

Das Backblech mit Frischhaltefolie oder Backpapier auslegen. 200 g Kuvertüre in eine Rührschüssel geben. Den Sirup durch ein Sieb in einen kleinen Topf streichen (die Blütenblätter bleiben zurück), das Rosenwasser dazugeben. Langsam den Sirup zum Kochen bringen und sofort über die Kuvertüre gießen. Einige Minuten stehen lassen und zu einer seidig-glatten Masse rühren. Die Canache in das vorbereitete Backblech gießen und mit einer gewinkelten Konditorpalette glatt streichen. Abkühlen lassen, dann abgedeckt im Kühlschrank fest werden lassen.

Die übrige Kuvertüre entsprechend der Anleitung unten temperieren.

Die Canache aus dem Backblech auf ein Brett stürzen, das mit Backpapier bedeckt ist. Runde Trüffeln ausstechen. Die übrige Canache kann mit den (sauberen) Händen zu Kugeln geformt werden.

Nacheinander jede Trüffel mit einer Pralinen- oder Essgabel vollständig in die temperierte Kuvertüre tauchen. Die Trüffel aus der Schokolade ziehen, die Gabel leicht an die Schüssel klopfen, damit überschüssige Schokolade abtropft. Vorsichtig die Trüffel auf frisches Backpapier setzen und mit einer Zuckerrose verzieren. Mit den übrigen Trüffeln ebenso verfahren. Die Trüffeln fest werden lassen und anschließend verpacken.

Schokolade temperieren

100 g der Zartbitterkuvertüre in eine feuerfeste Schüssel geben und über einen Topf mit leicht köchelndem Wasser stellen; der Schüsselboden darf das Wasser nicht berühren. Das Thermometer am Topfrand einhängen. Die Kuvertüre schmelzen und glatt rühren, bis sie eine Temperatur von 49 °C erreicht. Die Schüssel vom Topf nehmen, die übrigen 50 g Kuvertüre hinzugeben und glatt rühren. Beiseitestellen, damit sie auf 27 °C abkühlt; dabei häufig umrühren, um das Abkühlen zu beschleunigen. Die Schüssel wieder auf den Topf mit dem heißen Wasser stellen und die Kuvertüre erneut erhitzen, diesmal auf 31 °C. Bitte beachten Sie: Diese Temperaturangaben gelten nur für Zartbitterkuvertüre.

5928
RESERVED SEAT
5927
RESERVED SEAT
5927

Servieren Sie diese üppigen, raffinierten, mundgerechten Würfel nach dem Essen zum Kaffee. Wenn Sie sparsam (und clever) vorgehen möchten, bereiten Sie zuerst die Orangettes von Seite 96 zu und verwenden dann den übrigen Orangensaft für diese Trüffeln. Falls zufällig Blutorangen gerade Saison haben, nehmen Sie unbedingt diese – der zartbittere Karamell geht mit dem Blutorangensaft eine paradiesische Verbindung ein. Dazu noch hochwertige Kuvertüre und Sie haben eine außergewöhnliche Pralinensorte gezaubert.

Zartbittere Orangen-Schoko-Würfel

Ergibt etwa 30 Stück

50 g Feinstzucker
Saft von 3 Orangen (sollte 200 ml ergeben)
250 g Zartbitterkuvertüre, fein gehackt
100 ml Crème double
2 TL heller Muskovado-Zucker
1 Prise Salz
25 g fein gehackte kandierte Orangenschale (am besten selbst gemachte Orangettes, siehe Seite 96)
Kakaopulver zum Bestäuben

Utensilien
quadratisches Kuchenblech, 17 cm

Aufbewahrung
Im Kühlschrank halten sich die Trüffeln, lagenweise zwischen Wachspapier geschichtet und luftdicht verpackt, 1 Woche. 30 Minuten vor dem Servieren aus dem Kühlschrank nehmen.

Das Kuchenblech mit Backpapier auslegen.

Den Feinstzucker mit 2 bis 3 TL Wasser in einen kleinen Topf geben und bei schwacher bis mittlerer Hitze den Zucker auflösen. Aufkochen und köcheln lassen, bis bernsteinfarbener Karamell entsteht; die Pfanne immer wieder schwenken, um den Karamell gleichmäßig zu erhitzen. (Das dauert nur ein paar Minuten.) Den Topf vom Herd nehmen und den Orangensaft vorsichtig hineingeben – er wird auf dem heißen Karamell spritzen und zischen! Den Topf wieder auf den Herd stellen und den Karamell mit dem Orangensaft verrühren. Bei mittlerer Hitze die Mischung um die Hälfte reduzieren, bis 100 ml Sirup übrig bleiben. Vom Herd nehmen.

Inzwischen die Kuvertüre in eine Schüssel geben. Crème double und den Muskovado-Zucker in einem kleinen Topf erhitzen, bis sie leicht zu sprudeln beginnen und der Zucker geschmolzen ist. Über die Kuvertüre gießen, eine kleine Prise Salz hinzufügen und rühren, bis die Schokolade geschmolzen und mit der Crème double vermengt ist. Den warmen Karamell-Orangen-Saft dazugeben und zu einer glatten Masse verrühren. Die kandierte Orangenschale hinzufügen und weiterrühren. Die Mischung in das vorbereitete Backblech gießen und mit einer gewinkelten Konditorpalette glatt streichen. Abkühlen lassen, dann abgedeckt mindestens 2 Stunden im Kühlschrank fest werden lassen.

Vor dem Servieren das Kakaopulver auf die Oberfläche der Mischung sieben und diese mit einem erwärmten Küchenmesser in kleine Würfel schneiden. Das Messer nach jedem Schnitt in heißes Wasser tauchen und auf Küchenpapier trocknen, um saubere Schnitte zu ermöglichen. Dieses Konfekt ist sehr üppig und sollte in feinen Würfelchen, nicht in riesigen Portionen serviert werden.

Diese Schokoladensalami, auch *Salame al Cioccolato* oder *Salame de Chocolate* genannt, ist entweder ein italienisches oder ein portugiesisches Traditionsrezept; das hängt davon ab, wem Sie sich stärker verbunden fühlen. Trockenfrüchte und Nüsse können Sie variieren – je nachdem, was Ihnen schmeckt und welche Schätze Sie im Vorratsschrank finden.

Schokosalami

Ergibt 2 Salami und reicht für etwa 20 Leckermäuler

- 50 g Sultaninen
- 75 g getrocknete Feigen, in die Größe von Sultaninen gehackt
- 2 EL brauner Rum oder Amaretto
- 150 g gemischte Nüsse (je 50 g Pistazien, blanchierte Mandeln und Haselnüsse)
- 200 g Zartbitterkuvertüre, gehackt
- 75 g Butter
- 75 g Feinstzucker
- 25 g heller Farinzucker
- 1 großes Ei, zzgl. 1 großes Eigelb
- 175 g einfache Kekse (Amaretti oder Vollkornkekse)
- 2 EL Puderzucker

Aufbewahrung
Im Kühlschrank hält sich die Schokosalami, gut verpackt in Wachspapier, bis zu 1 Woche.

Den Backofen auf 180 °C vorheizen.

Sultaninen und Feigen mit 1 EL Rum in eine mittelgroße Schüssel geben, alles gut vermengen und durchziehen lassen.

Inzwischen alle Nüsse auf einem Backblech verteilen und im Backofen in etwa 4 Minuten goldbraun backen. Etwas abkühlen lassen und anschließend grob hacken.

Kuvertüre und Butter in eine mittelgroße feuerfeste Schüssel geben und über einem Topf mit leicht köchelndem Wasser schmelzen; der Schüsselboden darf das Wasser nicht berühren. Glatt rühren. In einer anderen Schüssel Feinstzucker, Farinzucker, Ei und Eigelb zu einer gleichmäßigen Masse verquirlen. Zur Kuvertüre-Butter-Mischung geben und gut verrühren. Alles unter häufigem Rühren über dem Wassertopf weiterköcheln lassen, bis sich der Zucker aufgelöst hat, die Eier gar sind und eine seidenweiche Masse entstanden ist, die sich beim Fingertest heiß anfühlt – das dauert etwa 4 bis 5 Minuten.

Inzwischen die Kekse in einen Gefrierbeutel geben und mit der Teigrolle zu Stücken zerstoßen, die etwas größer als die Sultaninen sind, und mit dem übrigen 1 EL Rum tränken. Nüsse und Kekse unter die Trockenfrüchte mischen, alles zur Kuvertüremischung geben und mit einem Teigschaber vermengen. Bei Zimmertemperatur abkühlen und leicht eindicken lassen.

Die Mischung gleichmäßig auf zwei große Bögen Backpapier verteilen und jeweils in eine längliche Form bringen. Im Backpapier rollen und das Backpapier an den Enden zusammennehmen, sodass zwei feste Würste entstehen. Diese über Nacht in den Kühlschrank legen.

Am nächsten Tag die Salami herausnehmen. Den Puderzucker auf Backpapier verteilen, beide Würste im Puderzucker rollen und völlig damit bedecken. Mit einem scharfen Messer in Scheiben schneiden.

Weicher Nugat mit delikatem Aroma, mit cremigem Vanille-Karamell ergänzt und eingehüllt in Schokolade – dies ist meine verfeinerte Version eines Süßwarenklassikers und der Stoff, aus dem Träume sind. Sie erfordert zwar etwas Zeit und Mühe, aber sie ist beides wert, sowohl wegen des Geschmacks als auch wegen der Bewunderung, die Ihnen dafür sicher ist. Ich mache am liebsten die Nugat- und Karamellschichten an einem Tag und glasiere die Riegel erst tagsdarauf mit Schokolade. Vorsicht: Sie sind sehr üppig!

Karamell-Nugat-Riegel

Ergibt etwa 20 Riegel

Für den Schokonugat
1 großes Eiweiß
1 TL Vanilleextrakt
250 g Feinstzucker
1 Prise Salz
25 g Malzmilchpulver (oder Ovomaltine)
100 g Zartbitterkuvertüre, gehackt
250 g heller Zuckerrübensirup

Für den Karamell
75 g Feinstzucker
75 g heller Farinzucker
50 g heller Zuckerrübensirup
50 g Butter
100 ml Crème double
½ Vanilleschote, längs halbiert
1 Prise Meersalzflocken

Für die Glasur
200 g Zartbitterkuvertüre, gehackt
200 g Vollmilchkuvertüre, gehackt
Schokostreusel, nach Belieben

Utensilien
Kuchenblech, 20 x 30 cm, mit 4 cm hohem Rand
Zuckerthermometer

Boden und Seiten des Kuchenblechs mit Backpapier auslegen.

Eiweiß, Vanilleextrakt, 1 EL Feinstzucker und das Salz in die Rührschüssel einer Küchenmaschine geben. Malzmilchpulver oder Ovomaltine in eine kleine Schale sieben. Die Zartbitterkuvertüre in einer feuerfesten Schüssel über einem Topf mit leicht köchelndem Wasser schmelzen; der Schüsselboden darf das Wasser nicht berühren. Glatt rühren und beiseitestellen.

Für den Schokonugat den übrigen Feinstzucker mit Zuckerrübensirup und 75 ml Wasser in einen mittelgroßen Topf mit schwerem Boden geben und bei mittlerer Hitze unter gelegentlichem Rühren schmelzen. Das Thermometer am Topfrand einhängen, den Sirup aufkochen und bei mittlerer Hitze gleichmäßig auf 125 °C erhitzen. Den Topf vom Herd nehmen und sofort die Eiweißmischung mit einem elektrischen Handrührgerät steif schlagen. Das Rührgerät auf niedrige bis mittlere Stufe stellen und den heißen Sirup in einem gleichmäßigen Strahl in den Eischnee gießen; das Volumen der Mischung wird sich dadurch verdoppeln bis verdreifachen. Nun auf mittlerer bis hoher Stufe etwa 4 Minuten weiterschlagen, bis der Nugat eine hellcremige Farbe angenommen hat, abgekühlt und fest geworden ist. Das Malzmilchpulver und die geschmolzene Kuvertüre dazugeben und 10 Sekunden weiterrühren, um alles zu vermengen. Mit einem Teigschaber und einer Konditorpalette die Masse zügig auf das vorbereitete Kuchenblech geben und glatt streichen. Abkühlen lassen.

Für den Karamell beide Sorten Zucker, den Zuckerrübensirup, Butter, Crème double, Vanilleschote und Meersalzflocken in einen kleinen Topf mit schwerem Boden geben. Bei schwacher bis mittlerer Hitze und unter ständigem Rühren den Zucker auflösen und die Butter schmelzen. Das Zuckerthermometer am Topfrand einhängen, die Mischung aufkochen und gleichmäßig sprudelnd köcheln lassen, bis der Karamell 118 °C erreicht hat; anschließend sofort den Topf vom Herd nehmen. Mit Pralinen- oder Essgabeln die Vanilleschote aus dem Topf nehmen und den Karamell in einer gleichmäßigen Schicht auf den Schokonugat gießen. Abkühlen lassen.

Fortsetzung auf der nächsten Seite

Aufbewahrung
Im Kühlschrank halten sich diese Riegel luftdicht verpackt bis zu 1 Woche. 30 Minuten vor dem Servieren aus dem Kühlschrank nehmen.

Wenn der Karamell vollständig abgekühlt ist, das Kuchenblech mit Frischhaltefolie abdecken, beiseitestellen und die Mischung fest werden lassen. 30 Minuten in den Kühlschrank stellen; inzwischen die Schokoglasur vorbereiten. Auf die Rückseite eines Bogens Backpapier ein 20 x 30 cm großes Rechteck zeichnen; das Papier wenden und auf ein kleines Backblech oder ein Schneidebrett legen, sodass man den Umriss sehen kann. Zartbitter- und Vollmilchkuvertüre in eine mittelgroße feuerfeste Schüssel geben, die auf einem Topf mit leicht köchelndem Wasser platziert ist; der Schüsselboden darf das Wasser nicht berühren. Die Kuvertüre schmelzen, glatt rühren und auf Zimmertemperatur abkühlen lassen.

Die Kuvertüre erneut schmelzen, bis sie wieder zerläuft und glänzt. Mit Teigschaber oder Konditorpalette 3 EL der flüssigen Kuvertüre über dem gezeichneten Rechteck auf das Backpapier geben, sodass es dieses in einer gleichmäßigen Schicht bedeckt.

Den Karamell-Nugat-Block vom Kuchenblech mit der Karamellseite nach unten auf das Backpapier stürzen, oben das Backpapier abziehen und den Block zügig auf das Kuvertüre-Rechteck legen, diesmal mit der Nugatseite nach unten. Für 5 Minuten in den Kühlschrank stellen, damit die Schokolade fest wird. Die Klinge eines langen, scharfen Messers in einem Krug mit heißem Wasser erwärmen, mit Küchenpapier abtrocknen und die Kanten des Karamell-Nugat-Blocks sauber glatt schneiden (was wegfällt, ist die Belohnung für den Patissier). Den Block in 20 Rechtecke schneiden; für ein sauberes Ergebnis das Messer nach jedem Schnitt wieder ins heiße Wasser tauchen und abtrocknen.

Die Riegel auf einem Pralinengitter, das über einem sauberen Backblech platziert ist, abkühlen lassen. Es ist einfacher, immer 4 oder 5 Schokoriegel auf einmal zu glasieren und dabei die Kuvertüre warmzuhalten. Die geschmolzene Kuvertüre mit einem Teelöffel vorsichtig über jeden Riegel löffeln, dabei auch die Seiten gleichmäßig bedecken. Mit einer Konditorpalette die Riegel vom Pralinengitter auf sauberes Backpapier heben. Etwa 2 EL flüssige Kuvertüre in einen Einwegspritzbeutel geben, in die Spitze ein kleines Loch schneiden; über jeden Schokoriegel Linien spritzen und darüber Schokostreusel streuen. Beiseitestellen und bis zum Servieren komplett abkühlen lassen.

Beim Flanieren durch Kopenhagen blieb ich wegen diesen Köstlichkeiten vor dem Schaufenster einer Patisserie stehen – ich musste einfach hineingehen, um herauszufinden, was sich hinter dem knusprigen Mantel aus dunkler Schokolade verbarg. Meine Version fällt etwas kleiner aus als die original dänischen Flødeboller, der verführerische Geschmack ist aber der gleiche!

Flødeboller

Ergibt 20 bis 24 Stück

Puderzucker zum Bestäuben
300 g Marzipan, selbst gemacht (siehe Seite 48) oder gekauft
25 g fein gehackte Mandeln oder Pistazien
175 g Feinstzucker
3 große Eiweiß
1 Prise Salz
½ TL Vanillepaste
400 g Zartbitterkuvertüre, gehackt
Nüsse, Kokosraspel oder gefriergetrocknete Himbeeren, gehackt (nach Belieben)

Utensilien

runde Ausstechform, 5 cm
Zuckerthermometer (nach Belieben)
großer Spritzbeutel mit einfacher runder Tülle, 1 cm

Aufbewahrung

An einem kühlen Ort halten sich Flødeboller luftdicht verpackt 3 bis 4 Tage.

Den Backofen auf 170 °C vorheizen und ein Backblech mit Backpapier auslegen.

Die Arbeitsfläche leicht mit Puderzucker bestreuen und das Marzipan darauf 3 cm dick ausrollen. Mandeln oder Pistazien darauf streuen und erneut mit der Teigrolle leicht darüberrollen, um die Nüsse hineinzudrücken. Mit dem Ausstechformen möglichst viele Kreise aus dem Marzipan ausstecken und auf dem vorbereiteten Backblech verteilen. Das restliche Marzipan noch einmal ausrollen, weitere Kreise ausstechen und auf das Backblech geben. Im Backofen auf der mittleren Schiene etwa 5 Minuten goldbraun backen. Herausnehmen und abkühlen lassen.

Feinstzucker, Eiweiß und Salz mit 2 EL Wasser in eine mittelgroße feuerfeste Schüssel geben, diese auf einen Topf mit köchelndem Wasser setzen. Die Schüssel sollte gut in den Topf passen, aber nicht mit dem Wasser in Berührung kommen. Die Mischung garen, dabei ständig mit dem elektrischen Handrührgerät rühren, bis sich der Zucker aufgelöst und das Volumen der Mischung mindestens verdoppelt hat und sie glänzt, schneeweiß ist und der Schneebesen deutliche Spuren darin hinterlässt. Das dauert mindestens 4 Minuten; die Mischung sollte sich beim Fingertest heiß anfühlen, das Zuckerthermometer sollte 60 °C anzeigen. Vanille hinzufügen und alles gut vermengen. Die Baisermasse in die Rührschüssel einer Küchenmaschine geben und weitere 3 Minuten auf mittlerer bis hoher Stufe rühren, bis sie sehr fest und abgekühlt ist.

Die Baisermasse in den vorbereiteten Spritzbeutel geben und großzügige Häufchen auf jede Marzipanscheibe spritzen. Mindestens 1 Stunde trocknen lassen.

Zwei Drittel der Kuvertüre in eine feuerfeste Schüssel geben und über einem Topf mit leicht köchelndem Wasser schmelzen; der Schüsselboden darf das Wasser nicht berühren. Wenn die Kuvertüre flüssig ist, vom Topf nehmen, die übrige Kuvertüre dazugeben, gut durchrühren und etwa 15 Minuten abkühlen lassen. Die Schüssel weitere 10 bis 15 Sekunden auf den Topf stellen und alles nochmals erwärmen.

Nacheinander je ein Flødebolle zuerst mit der Unterseite der Marzipanbasis in die geschmolzene Kuvertüre tauchen, anschließend sofort die Baiser-Oberseite vorsichtig eintunken, sodass alles mit Kuvertüre bedeckt ist. Vielleicht finden Sie es einfacher, die Flødeboller über die Schüssel zu halten und die Kuvertüre darüber zu löffeln. Lassen Sie in jedem Fall überschüssige Schokolade in die Schüssel zurücktropfen und stellen Sie die mit Kuvertüre überzogenen Flødeboller 1 Minuten aufs Backpapier, damit sie fest werden. Dann nach Belieben mit Kokosraspeln, Nusssplitter oder Himbeeren bestreuen. Mit den übrigen Flødeboller ebenso verfahren. Widerstehen Sie der Versuchung, eines zu essen, bevor die Kuvertüre fest geworden ist!

Dieser köstlichen Verbindung aus Erdnussbutter und Schokolade kann man nur sehr schwer widerstehen; auch sie wurde offensichtlich im Feinschmeckerhimmel geschlossen. Hier ist nun meine Version des raffinierten Klassikers. Ausnahmsweise habe ich die Kuvertüre nicht temperiert, aber das soll Sie nicht davon abhalten, einen edleren Überzug herzustellen. Verwenden Sie auf jeden Fall wie immer die beste Kuvertüre, die Sie ergattern können.

Erdnussbutter-Cupcakes

Ergibt 12 bis 16 Cupcakes

50 g weiße Kuvertüre, gehackt
100 g grobe Erdnussbutter
1 TL Vanilleextrakt
150 g Vollmilchkuvertüre, fein gehackt
150 g Zartbitterkuvertüre, fein gehackt
25 g gesalzene Erdnüsse, fein gehackt

Utensilien
Minimuffin-Blech mit 24 Vertiefungen
hübsche Minimuffin-Förmchen aus Papier, evtl. mit bunter Folie beschichtet

Aufbewahrung
Erdnussbutter-Cupcakes sind luftdicht verpackt an einem kühlen Ort 1 Woche haltbar.

Die Minimuffin-Förmchen in die Vertiefungen des Blechs stellen.

Mit der Erdnussbutter-Füllung beginnen: Die weiße Kuvertüre in einer kleinen feuerfesten Schüssel schmelzen – entweder in der Mikrowelle auf niedriger Stufe in mehreren 10-Sekunden-Durchgängen (dazwischen umrühren) oder über einem Topf mit leicht köchelndem Wasser; der Schüsselboden darf das Wasser nicht berühren. Vom Topf nehmen und glatt rühren, Erdnussbutter und Vanilleextrakt dazugeben und alles gründlich vermengen. Beiseitestellen.

Vollmilch- und Zartbitterkuvertüre in einer feuerfesten Schüssel über einem Topf mit leicht köchelndem Wasser schmelzen, dabei glatt rühren. Vom Topf nehmen und kurz abkühlen lassen. In jedes Papierförmchen 1 TL geschmolzene Kuvertüre geben und anschließend etwa 1 gestrichenen TL der Erdnussbutter-Füllung darauf geben und mit der Löffelrückseite leicht glatt drücken. Die Erdnussbutter jeweils mit 1 TL Zartbitterkuvertüre bedecken und das Minimuffin-Blech leicht an die Arbeitsfläche klopfen, damit sich die Kuvertüre gleichmäßig auf der ganzen Erdnussfüllung verteilt.

Die gehackten Erdnüsse auf den Cupcakes verteilen und diese vor dem Servieren an einem kühlen Ort komplett fest werden lassen.

Dies ist meine Hommage an den australischen Cherry-Ripe-Schokoriegel. Auf einer schönen Reise von Sydney nach Cairns entlang der australischen Ostküste hatte ich immer eine Packung Cherry Ripes dabei. Leider sind sie hierzulande, am anderen Ende der Welt, schwer zu bekommen. Doch wenn mich der Appetit überkommt, mache ich mir meine eigenen. Die Kirschstiele aus Schokolade könnten Sie auch weglassen, aber ich denke, der Zusatzaufwand lohnt sich. Das Gleiche gilt für das rote Fruchtpulver aus gefriergetrockneten Kirschen, das in Feinkostläden und online erhältlich ist.

Kirsch-Kokos-Bomben

Ergibt etwa 25 Stück

150 g ungesüßte Kokosraspel, zzgl. etwas mehr zum Verzieren
½ TL Kokos- oder Vanilleextrakt
100 g Cocktailkirschen
100 g gezuckerte Kondensmilch
50 g Puderzucker
250 g Zartbitterkuvertüre, fein gehackt
Kirsch-Fruchtpulver (nach Belieben)

Utensilien
Einwegspritzbeutel

Aufbewahrung
Luftdicht verpackt sind die Kirsch-Kokos-Bomben an einem kühlen Ort 3 bis 4 Tage haltbar.

150 g Kokosraspel mit Kokos- oder Vanilleextrakt und 2 EL kochendem Wasser in eine Rührschüssel geben. Alles gut vermengen, bis die Kokosraspel weich sind (das ist einfacher, wenn Sie die Finger zu Hilfe nehmen), und 30 Minuten ruhen lassen.

Wenn die Cocktailkirschen sehr klebrig sind, sie in ein Sieb geben und kurz mit fließendem Wasser abspülen, anschließend mit Küchenpapier gut abtrocknen. Die Kirschen fein hacken und mit Kondensmilch und Puderzucker zu den Kokosraspeln geben. Mit einem Holzlöffel gründlich vermengen.

Mit (sauberen) Händen aus der Kokos-Kirsch-Mischung etwa 25 gleich große Kugeln formen und auf ein mit Backpapier ausgekleidetes Backblech setzen (hier wird es vermutlich etwas klebrig; waschen Sie am besten Ihre Hände immer nach 5 oder 6 Kugeln unter fließendem Wasser). Mit Frischhaltefolie abdecken und einige Stunden im Kühlschrank fest werden lassen.

Die Kuvertüre in einer feuerfesten Schüssel über einem Topf mit ganz leicht köchelndem Wasser schmelzen; der Schüsselboden darf dabei das Wasser nicht berühren. Die Kuvertüre glatt rühren und vom Topf nehmen. 2 EL Kuvertüre in einen Einwegspritzbeutel geben und in die Spitze ein feines Loch schneiden. Auf ein Backblech mit Backpapier etwas mehr Kirschenstiele spritzen, als Kokosbomben da sind, falls welche brechen. Im Kühlschrank fest werden lassen.

Die erste Kokoskugel mit einer Pralinengabel in die übrige geschmolzene Kuvertüre tauchen und vorsichtig drehen, bis sie vollständig bedeckt ist. Mit der Pralinengabel aus der Kuvertüre heben, die Gabel leicht gegen die Schüssel klopfen, damit überschüssige Schokolade zurück in die Schüssel tropft, und die Bombe auf einen frischen Bogen Backpapier setzen. Mit den übrigen Kugeln ebenso verfahren. Jede Bombe mit Kokosraspeln oder Kirschpulver bestreuen und vorsichtig mithilfe von geschmolzener Kuvertüre mit einem Schokostiel versehen. Vor dem Servieren ganz fest werden lassen.

Diesmal bereiten wir nur eine kleine Menge Nugat zu (aber mit vielen Mandeln); da ist es einfacher, ein elektrisches Handrührgerät zu benutzen als die größere Küchenmaschine. Idealerweise lassen Sie sich von jemandem dabei helfen, den Sirup zuzugießen und den Eischnee zu schlagen; diese beiden Dinge müssen nämlich gleichzeitig passieren. (Abbildung auf Seite 43)

Schoko-Nugat-Stücke

Ergibt genug für 8 hungrige Naschkatzen

175 g ganze Mandeln (mit Haut)
1 mittelgroßes Eiweiß
1 Prise Weinstein
1 Prise Salz
150 g Feinstzucker
25 g Glukosesirup
100 g klarer Honig
½ TL Vanillepaste oder Mark von ½ Vanilleschote
300 g Vollmilchkuvertüre, gehackt
100 g Zartbitterkuvertüre (64 % Kakaoanteil), gehackt

Utensilien
Zuckerthermometer
Kuchenblech, 20 x 30 cm

Aufbewahrung
Lagenweise zwischen Wachspapier geschichtet und luftdicht verpackt hält sich der Nugat bis zu 4 Tage.

Den Backofen auf 170 °C vorheizen. Die Mandeln auf einem Backblech verteilen und im Ofen 3 bis 4 Minuten anrösten. Fein hacken und abkühlen lassen.

Eiweiß, Weinstein und Salz in eine mittelgroße Rührschüssel geben und diese auf eine rutschfeste Unterlage, beispielsweise ein feuchtes Geschirrtuch, stellen.

Feinstzucker mit Glukosesirup und 50 ml Wasser in einen kleinen Topf geben und bei schwacher Hitze unter vorsichtigem Rühren auflösen. Das Zuckerthermometer am Topfrand einhängen und den Sirup aufkochen. Weiterköcheln lassen, bis das Zuckerthermometer 160 °C anzeigt. Inzwischen den Honig in einem kleinen Topf oder in der Mikrowelle in einer feuerfesten Schüssel zum Kochen bringen, anschließend vorsichtig zum Sirup gießen. Gründlich umrühren und weiterköcheln lassen, bis der Sirup wieder auf 160 °C erhitzt ist. Den Topf vom Herd nehmen und sehr zügig das Eiweiß steif schlafen. Das Handrührgerät auf niedrige Stufe stellen, weiterschlagen und dabei langsam zuerst etwa 1 bis 2 EL des heißen Sirups in einem gleichmäßigen Strahl zum Eischnee gießen, dann den übrigen Sirup gleichmäßig dazugießen. Die Vanillenschotenpaste zufügen und auf mittlerer Stufe 2 Minuten weiterschlagen, bis die Mischung sehr fest ist und eine blasse Buttermilchfarbe angenommen hat. Sofort die gehackten Mandeln mit dem Teigschaber unterheben.

Die Mischung zügig auf einen großen Bogen Backpapier geben und mit einer Konditorpalette glatt streichen. Einen zweiten Bogen Backpapier darauf legen und so die Mischung mit einer Teigrolle auf eine Dicke von 2 mm glatt rollen. Mindestens 4 Stunden ruhen lassen, bis sie völlig erkaltet und fest ist.

Das Backpapier abziehen und den Nugat mit einem Küchenmesser in 5 mm große Stücke schneiden. Sie werden nur drei Viertel des Nugats brauchen; genießen Sie den Überschuss als Belohnung, beispielsweise zu Vanilleeis.

Vollmilch- und Zartbitterkuvertüre in einer feuerfesten Schüssel über einem Topf mit leicht köchelndem Wasser schmelzen; der Schüsselboden darf das Wasser nicht berühren. Glatt rühren, vom Topf nehmen und etwas abkühlen lassen. Das Backblech mit Backpapier auslegen.

Den gehackten Nugat unter die geschmolzene Kuvertüre heben, alles auf das Backpapier löffeln. Mit einer Konditorpalette glatt streichen und gleichmäßig verteilen. Fest werden lassen, anschließend in grobe Stücke schneiden und servieren.

In diesem Rezept dürfen Sie wählen, ob Sie das salzige Karamell-Mandel-Konfekt lieber in Vollmilch- oder in Zartbitterkuvertüre einhüllen. Manchmal, wenn ich mich nicht entscheiden kann, verwende ich einfach zur Hälfte Vollmilch- und zur anderen Hälfte Zartbitterkuvertüre. Wenn Sie etwas richtig Schickes zaubern möchten, können Sie die Kuvertüre auch temperieren. Wofür Sie sich auch entscheiden, es wird auf jeden Fall ein Hit! (Abbildung auf Seite 42)

Mandel-Karamell-Schoko-Crunch

Ergibt 30 bis 40 Stück

150 g Mandelblättchen
250 g Feinstzucker
50 g Butter
3 EL Crème double
½ TL Meersalzflocken
1 TL Vanilleextrakt
300 g Zartbitter- (64 % Kakaoanteil) oder Vollmilchkuvertüre, fein gehackt

Utensilien
Kuchenblech, 20 x 30 cm

Aufbewahrung
Lagenweise zwischen Wachspapier geschichtet und luftdicht verpackt hält sich das Konfekt bis zu 1 Woche.

Den Backofen auf 180 °C vorheizen und das Backblech mit Backpapier auslegen.

Die Mandelblättchen auf dem Backblech verteilen und im Backofen etwa 5 Minuten goldbraun rösten. Grob hacken und beiseitestellen. Frisches Backpapier auf das Backblech legen.

Den Zucker mit 2 EL Wasser in einen mittelgroßen Topf mit schwerem Boden geben und bei schwacher bis mittlerer Hitze auflösen; Zuckerkristalle, die sich am Topfrand bilden, mit einem sauberen, in heißes Wasser getauchten Backpinsel einrühren. Jetzt müssen Sie aufpassen wie ein Falke: Den entstandenen Sirup aufkochen und weiterköcheln lassen, bis er zu bernsteinfarbenem Karamell wird. Wie immer muss es mit kochend heißem Karamell schnell gehen: Den Topf vom Herd nehmen, Butter und Crème double hineingeben und alles gründlich vermengen. Vorsicht, der Karamell wird stark blubbern. Die gerösteten Mandeln, Salzflocken und Vanilleextrakt zugeben und den Topf für 30 Sekunden wieder auf den Herd stellen; dabei ständig rühren, bis Karamell und Nüsse gut vermengt sind. Die Mischung aus dem Topf auf das vorbereitete Blech löffeln, mit einer Konditorpalette glatt streichen, vollständig abkühlen und hart werden lassen.

Die Hälfte der Kuvertüre in einer feuerfesten Schüssel über einem Topf mit leicht köchelndem Wasser schmelzen; der Schüsselboden darf das Wasser nicht berühren. Glatt rühren und anschließend über den hart gewordenen Mandelkrokant gießen; mit einer Konditorpalette glatt streichen. Das Kuchenblech leicht an die Arbeitsfläche stoßen, damit sich die Kuvertüre gleichmäßig verteilt, und an einem kühlen Ort fest werden lassen.

Die übrige Kuvertüre schmelzen, glatt rühren und kurz ruhen lassen. Den abgekühlten Mandelkrokant aus dem Kuchenblech auf sauberes Backpapier stürzen und das Backpapier abziehen. Auch auf dieser Seite die geschmolzene Kuvertüre gleichmäßig über den Krokant gießen und fest werden lassen. In grobe Stücke schneiden und servieren.

Ich liebe diese Schokoherzen – und das Allerbeste daran: Sie sind so einfach herzustellen, dass man kaum ein Rezept benötigt. Allerdings müssen Sie schnell sein und die Schokolade genau im richtigen Moment erwischen: Wenn Sie versuchen, sie zu spritzen, bevor sie fest genug ist, wird sie auseinanderlaufen und nicht in Herzform bleiben. Wenn sie schon zu fest ist, wird sie sich nicht mehr durch die Tülle drücken lassen. Aus diesem Grund empfehle ich, immer nur kleine Mengen herzustellen.

Valentinstagsherzen

Ergibt 6 Herzen

100 bis 150 g bunte Zuckerstreusel
200 g Zartbitterkuvertüre, fein gehackt

Utensilien

Einwegspritzbeutel, mit einer kleinen sternförmigen Tülle versehen
6 farbige Stoffbänder

Aufbewahrung

Luftdicht verpackt bleiben die Herzen an einem kühlen Ort 3 Tage lang frisch.

Die Kuvertüre in eine feuerfeste Schüssel geben und über einem Topf mit leicht köchelndem Wasser schmelzen; der Schüsselboden darf das Wasser nicht berühren. Glatt rühren und anschließend vom Topf nehmen. Die Kuvertüre abkühlen und eindicken lassen, dabei immer wieder umrühren, bis der Schneebesen deutliche Spuren hinterlässt – nun müssen Sie schnell reagieren.

Die Kuvertüre in den vorbereiteten Spritzbeutel löffeln und die Herzen direkt auf die Zuckerstreusel spritzen. Fest werden lassen und jedes Herz mit einem Stoffband versehen.

Übrige Streusel können Sie zum Verzieren von anderem Gebäck oder für weitere Schokoherzen benutzen.

Als Kind der Siebziger erinnere ich mich lebhaft an die Zeit, als Pfefferminztafeln mit kunstvoller dunkler Schokoglasur als Höhepunkt der Raffinesse galten. Meine Mutter hatte immer eine Schachtel davon im Schrank versteckt, die sie Gästen nach dem Abendessen zum Kaffee servieren konnte. In dieser Schachtel fehlten allerdings meistens eine oder zwei Täfelchen – ich konnte Pfefferminzpralinen nie widerstehen, damals so wenig wie heute. Am liebsten aromatisiere ich selbst gemachten Fondant mit Veilchen- oder Rosenextrakt und verziere die Pralinen am Schluss noch mit kandierten Blütenblättern.

Pfefferminzpralinen

Ergibt etwa 30 Stück

350 g Feinstzucker
1 EL Glukosesirup
1 Prise Weinstein
½ bis 1 TL Pfefferminzextrakt (oder Pfefferminzöl in Lebensmittelqualität)
Puderzucker zum Bestäuben
200 g Zartbitterkuvertüre, gehackt
kristallisierte Minzblätter-Stücke zum Dekorieren

Utensilien
Zuckerthermometer
quadratische oder runde Ausstechformen, 3 cm

Aufbewahrung
An einem kühlen Ort sind die Pfefferminzpralinen, lagenweise zwischen Wachspapier geschichtet und luftdicht verpackt, 1 bis 2 Wochen haltbar.

Den Feinstzucker mit Glukosesirup, Weinstein und 100 ml Wasser in einem kleinen Topf langsam erhitzen und unter gelegentlichem Rühren den Zucker auflösen. Das Zuckerthermometer am Topfrand einhängen, die Mischung aufkochen und weiterköcheln lassen, bis der Sirup 114 °C erreicht. Vom Herd nehmen und zusammen mit dem Pfefferminzextrakt in eine mittelgroße Schüssel geben. 15 bis 20 Minuten bei Zimmertemperatur abkühlen lassen, bis die Mischung eindickt und sich an der Oberfläche eine Haut bildet.

Den Sirup mit einem elektrischen Handrührgerät auf niedriger bis mittlerer Stufe zu einer glatten, dicken, weißen Paste schlagen. Das dauert etwa 3 bis 5 Minuten. Wenn der Fondant sehr dick und teigartig wird, müssen Sie ihn möglicherweise aus der Schüssel nehmen und ihn von Hand kneten, bis er seidig weich und kalt ist. Den Fondant zu einer Kugel formen, flach drücken und in Frischhaltefolie einige Stunden oder über Nacht im Kühlschrank ruhen lassen.

Die Arbeitsfläche leicht mit Puderzucker bestäuben und den Fondant 2 bis 3 mm dick ausrollen. Runde oder viereckige Formen ausstechen und auf einem Backblech mit Backpapier verteilen. Den übrigen Teig nochmals glatt kneten, ausrollen und ausstechen. Das Blech 20 Minuten in den Kühlschrank stellen, während Sie die Kuvertüre schmelzen.

Wenn Sie möchten, dass Ihre Pfefferminzplätzchen wirken wie aus der Patisserie, dann temperieren Sie die Kuvertüre entsprechend der Anleitung auf S. 24. Andernfalls einfach die Kuvertüre in einer feuerfesten Schüssel über einem Topf mit leicht köchelndem Wasser schmelzen; der Schüsselboden darf das Wasser nicht berühren. Glatt rühren, die Schüssel vom Topf nehmen und leicht abkühlen lassen.

Mit einer Pralinen- oder Essgabel ein Plätzchen in die flüssige Kuvertüre tauchen, herausnehmen und die Gabel leicht an die Schüssel klopfen, damit überschüssige Kuvertüre zurück in die Schüssel tropft. Die Pfefferminzpraline auf frisches Backpapier legen, die Zinken der Gabel leicht in die Kuvertüre drücken und dekorative Linien ziehen, anschließend kristallisierte Minzblätter darüberstreuen. Mit den übrigen Fondant-Plätzchen ebenso verfahren. Die Pfefferminzpralinen bis zum Servieren fest werden lassen.

Diese eleganten Köstlichkeiten verbinden selbst gemachtes Marzipan mit kandierter Orangenschale und einem Schokoüberzug. Natürlich gibt es Marzipan auch zu kaufen, aber Sie werden überrascht sein, wie viel feiner die Pralinen schmecken, wenn Sie es selbst herstellen. Einen besonderen Effekt erzielen Sie, wenn Sie die Pralinen mit Pistazien oder etwas essbarem Blattgold bestreuen.

Marzipan-Orangen-Pralinen

Ergibt 20 Stück

Puderzucker zum Ausrollen
175 g Marzipan (siehe unten)
4 Streifen kandierte Orangenschale (siehe Orangettes, Seite 96)
200 g Zartbitterkuvertüre
Pistazienstifte oder -splitter (nach Belieben)

Utensilien
Ausstechform, 4 bis 5 cm
Einwegspritzbeutel

Aufbewahrung
An einem kühlen Ort sind diese Pralinen, lagenweise zwischen Wachspapier geschichtet und luftdicht verpackt, 1 Woche haltbar.

Die Arbeitsfläche leicht mit Puderzucker bestäuben und das Marzipan 3 mm dick ausrollen. Möglichst viele Formen aus dem Marzipan ausstechen und auf einem Backblech mit Backpapier verteilen. Das übrige Marzipan zu einer glatten Kugel kneten, ausrollen und weitere Formen ausstechen. Insgesamt sollten Sie etwa 20 Marzipan-Teile erhalten. Das Blech in den Kühlschrank stellen; inzwischen die Orangenschale und die Schokoglasur vorbereiten.

Die kandierte Orangenschale in feine Streifen schneiden – Sie brauchen für jedes Marzipan-Teil einen Streifen. 150 g Kuvertüre entsprechend der Anleitung auf Seite 24 temperieren.

Mit einer Pralinen- oder Essgabel vorsichtig ein Marzipanstück in die geschmolzene Kuvertüre tauchen und darin wenden. Herausheben, sodass überschüssige Kuvertüre in die Schüssel tropft; anschließend das glasierte Marzipan mithilfe einer Konditorpalette wieder auf das Backpapier legen. Einen Streifen Orangenschale und gegebenenfalls ein Pistazienstück daraufdrücken und die Schokolade fest werden lassen.

Die übrige Kuvertüre in einer feuerfesten Schüssel über einem Topf mit leicht köchelndem Wasser schmelzen; der Schüsselboden darf das Wasser nicht berühren. Glatt rühren und in den Einwegspritzbeutel löffeln. In die Spitze der Beutel ein sehr kleines Loch schneiden und feine Schokolinien über die Marzipan-Orangen-Pralinen ziehen. Vor dem Servieren oder Verpacken ganz fest werden lassen.

Ergibt etwa 300 g

140 g Feinstzucker
1 Prise Weinstein
50 g blanchierte Mandeln oder Pistazien
100 g gemahlene Mandeln
1 großes Eigelb
1 TL abgeriebene unbehandelte Zitronen- oder Orangenschale
½ TL Mandelextrakt
2 TL Weinbrand oder Kirschwasser
1 TL Zitronensaft
1 Prise Salz

Marzipan selbst herstellen
Den Zucker zusammen mit Weinstein und 75 ml Wasser in einen kleinen Topf mit schwerem Boden geben und unter leichtem Rühren auflösen. Ein Zuckerthermometer am Topfrand einhängen, den Sirup aufkochen und weiterköcheln lassen, bis er eine Temperatur von 118 °C erreicht. Vom Topf nehmen und 3 bis 4 Minuten abkühlen lassen.

Inzwischen die blanchierten Mandeln oder Pistazien in der Küchenmaschine fein mahlen und mit den gemahlenen Mandeln vermischen. Zusammen mit den übrigen Zutaten zum Sirup in den Topf geben und mit dem elektrischen Handrührgerät glatt rühren. Bei schwacher Hitze 2 bis 3 Minuten unter ständigem Umrühren das Ei garen und das Marzipan eindicken lassen. Das Marzipan in eine Schüssel geben, mit Frischhaltefolie abdecken und kalt werden lassen.

Das abgekühlte Marzipan zu einer Kugel formen und flach drücken. In Frischhaltefolie eingewickelt und im Kühlschrank aufbewahrt, ist es bis zu 3 Wochen haltbar.

ROSA

A

Für dieses Rezept brauchen Sie als Füllung ein bisschen Canache. Wenn Sie vorhaben, eine Sorte Schokotrüffeln aus diesem Kapitel zusammen mit den Eiern als Ostergeschenk zu überreichen, dann behalten Sie 3 EL von der Canache zurück. Andernfalls können Sie die Ostereier auch mit Nutella, der Füllung der Erdnussbutter-Cupcakes (siehe Seite 36) oder einfach etwas zusätzlicher weißer oder Vollmilchkuvertüre füllen. Ich benutze eine Gießform mit Vertiefungen, die 3,5 cm hoch sind.

Gesprenkelte Mini-Ostereier

Ergibt 12 Ostereier

25 g weiße Kuvertüre, gehackt
200 g Zartbitterkuvertüre, gehackt
3 EL Schoko-Canache (von Trüffelpralinen zurückbehalten) oder Nutella oder flüssige Kuvertüre

Utensilien

Ostereier-Gießform mit 24 Vertiefungen
digitales Thermometer zum Temperieren von Schokolade
feiner Backpinsel zum Verzieren
2 Einwegspritzbeutel

Aufbewahrung

Luftdicht verpackt sind die Ostereier an einem kühlen Ort bis zu 2 Wochen haltbar.

Die Eier-Gießform mit wenig Spülmittel in heißem Wasser abspülen und mit einem fusselfreien Tuch, zum Beispiel einem Mikrofasertuch, gründlich abtrocknen.

Die weiße Kuvertüre in einer kleinen feuerfesten Schüssel schmelzen, entweder in der Mikrowelle auf niedriger Stufe in mehreren kurzen Durchgängen oder über einem Topf mit leicht köchelndem Wasser, wobei der Schüsselboden das Wasser nicht berühren darf. Glatt rühren und mit einem sauberen, trockenen und idealerweise nagelneuen Pinsel das Innere jeder Vertiefung mit der flüssigen weißen Kuvertüre betupfen. Trocknen lassen.

Die Zartbitterkuvertüre entsprechend der Anleitung auf Seite 24 temperieren.

Das Backblech auf einen großen Bogen Backpapier legen und zwei Drittel der geschmolzenen Zartbitterkuvertüre gleichmäßig auf die Vertiefungen verteilen. Das Backblech mehrmals leicht auf alle Seiten kippen, sodass jede Vertiefung innen am Rand vollständig und gleichmäßig bedeckt ist. Über die Schüssel mit der flüssigen Kuvertüre halten, mit einer Konditorpalette überschüssige Kuvertüre sauber entfernen und zurück in die Schüssel geben. Dann die Gießform umdrehen, auf Holzlöffel stützen, sodass sie nicht ganz aufliegt, und auf dem Backpapier überschüssige Kuvertüre herauslaufen lassen. Die Pralinenhohlkörper völlig fest werden lassen.

Die Canache in einer feuerfesten Schüssel über einem Topf mit leicht köchelndem Wasser schmelzen. Rühren, bis sie glatt ist und sich ausgießen lässt, aber noch nicht heiß ist. In einen der Spritzbeutel löffeln, in die Spitze ein Loch schneiden und die Füllung vorsichtig in jedes Schokoladen-Ei spritzen. Dabei die Hälften nur zu zwei Dritteln füllen und oben mindestens 1 mm zum Rand frei lassen. Leicht an die Vertiefungen klopfen, damit die Füllung eine glatte Oberfläche bildet, und 5 Minuten im Kühlschrank fest werden lassen.

Die übrige Zartbitterkuvertüre nochmals schmelzen, glatt rühren, vom Topf nehmen und leicht abkühlen lassen. In den zweiten Spritzbeutel löffeln, in die Spitze ein kleines Loch schneiden und die geschmolzene Kuvertüre auf jede Eierhälfte spritzen, sodass die Hälften sauber mit einer glatten Oberfläche abschließen. Die Eier fest werden lassen.

Wenn die Eier fest sind, die Gießform mithilfe eines sauberen Bogens Backpapier stürzen. Vorsichtig auf jede Vertiefung klopfen oder drücken, sodass die Eier herausfallen. Einen kleinen Spritzer flüssige Kuvertüre auf die flachen Seiten spritzen, sofort jeweils zwei Hälften aufeinandersetzen und fest werden lassen.

Nussige Marmorschokolade

Ergibt 1 Backblech

150 g Zartbitterkuvertüre
100 g Vollmilchkuvertüre
150 g weiße Kuvertüre
150 g gemischte Nüsse (z. B. Mandeln, Haselnüsse, Walnüsse, Pekannüsse) gehackt und geröstet

Aufbewahrung
Luftdicht verpackt ist die Schokolade im Kühlschrank 2 Wochen haltbar.

Die drei Kuvertüresorten separat hacken und in drei feuerfesten Schüsseln über Töpfen mit leicht köchelndem Wasser schmelzen; die Schüsselböden dürfen das Wasser nicht berühren. Glatt rühren, von der Hitze nehmen und 1 Minute abkühlen lassen.

Ein Backblech mit Backpapier auslegen, sodass auch die Seiten bedeckt sind.

Die Kuvertüre mit einem Löffel auf das Backpapier geben; immer abwechselnd Zartbitter-, Vollmilch- und weiße Kuvertüre. Das Backblech sanft auf die Arbeitsfläche klopfen, damit die flüssige Kuvertüre eine flache Oberfläche bildet. Mit dem Ende eines stumpfen Messers durch Linien in der Kuvertüre eine Marmorierung schaffen. Das Blech nochmals auf die Arbeitsfläche klopfen.

Die Nüsse über die gesamte Oberfläche der Schokolade streuen. An einem kühlen Ort oder im Kühlschrank fest werden lassen. Zum Servieren die Schokolade in Stücke brechen.

Feine Taler

Ergibt etwa 40 Stück

150 g Zartbitterkuvertüre, gehackt
1 EL kandierter Ingwer, fein gehackt
2 EL getrocknete Mangostücke, in Streifen geschnitten
2 bis 3 TL essbare goldene Zuckerperlen
einige Chiliflocken (nach Belieben)

Aufbewahrung
Im Kühlschrank halten sich die feinen Taler, lagenweise zwischen Wachspapier geschichtet und luftdicht verpackt, 2 Wochen.

Die Kuvertüre in einer feuerfesten Schüssel über einem Topf mit leicht köchelndem Wasser schmelzen; der Schüsselboden darf das Wasser nicht berühren. Glatt rühren, vom Topf nehmen und für 1 oder 2 Minuten abkühlen lassen.

Ein großes Backblech mit Backpapier auslegen. Wenn Sie möchten, dass alle Taler möglichst einheitlich aussehen, die Kuvertüre in einen Einwegspritzbeutel löffeln, in die Spitze ein Loch schneiden und gleichmäßige Schokotaler in sauberen Reihen aufs Backpapier spritzen. Für einen individuelleren, natürlichen Look verwenden Sie einfach einen Teelöffel. Auf jedem Schokotaler Ingwer und Mango anrichten, die Goldperlen und gegebenenfalls ein oder zwei Chiliflocken darüberstreuen.

Fest werden lassen, dann erst vom Backpapier nehmen.

Selbst gemachte Schokotafeln machen Spaß, sehen fantastisch aus und schmecken köstlich – was kann man von einer Stunde in der Küche mehr erwarten?
Gießformen aus Silikon sind in gut sortierten Haushaltswarengeschäften und online in vielen Größen und Formen erhältlich. Wenn Sie nicht noch mehr Utensilien möchten oder brauchen, die Ihre Küchenschränke füllen (ich kenne das zu gut), nehmen Sie einfach das, was da ist. Kleine Kuchen- und Törtchenformen erfüllen den gleichen Zweck.
Und dann wären da noch die gefriergetrockneten Beeren. Ich liebe sie! Es gibt sie in so vielen Geschmacksrichtungen – und was für ein Glück: Die meisten passen ausgezeichnet zu Schokolade. Sie können auch Nüsse und Trockenobst verwenden – denken Sie nur an Trauben-Nuss-Schokolade! Oder Bananenchips und Kokosraspel, kristallisierte Veilchen- und Rosenblütenblätter, Zuckerstreusel, kandierter Ingwer, Mini-Marshmallows, Popcorn, Chiliflocken, Gewürze … die Liste ist endlos. Mit einem Tropfen Veilchen-, Rosen-, Orangen-, Zitronen- oder Pfefferminzöl können Sie der flüssigen Schokolade zudem einen speziellen Aromazauber verleihen.

Kreative Schokotafeln

Ergibt 3 bis 4, je nach Größe der Formen

200 g weiße, Vollmilch- oder Zartbitterkuvertüre

Entweder
jeweils 1 kleine Handvoll gefriergetrocknete Erdbeerscheiben, gefriergetrocknete Himbeeren und gefriergetrocknete Kirschscheiben
1 EL kristallisierte Rosen- und Veilchenblütenblätter

oder
Bananenchips
Kokosraspel, geröstet
Macadamianüsse, Mandeln oder Haselnüsse, gehackt und geröstet
Rosinen

Utensilien
Schokoladen-Gießformen

Die Gießformen mit wenig Spülmittel in heißem Wasser abspülen und mit einem fusselfreien Tuch, zum Beispiel einem Mikrofasertuch, gründlich abtrocknen.

Die Kuvertüre in einer feuerfesten Schüssel über einem Topf mit leicht köchelndem Wasser schmelzen; der Schüsselboden darf das Wasser nicht berühren. Glatt rühren; gegebenenfalls mit einem Tropfen Extrakt aromatisieren.

Die geschmolzene Kuvertüre gleichmäßig in die vorbereiteten Vertiefungen löffeln, dabei 1 mm Abstand zum oberen Rand lassen. Mit dem Belag bestreuen, größere Stücke in die Kuvertüre drücken.

Die Schokotafeln vollständig abkühlen und aushärten lassen, erst danach aus den Formen nehmen.

Tipp
Damit die Schokotafeln wirken wie aus der Patisserie, temperieren Sie die Kuvertüre entsprechend der Anleitung auf S. 24. Wenn Sie Silikon-Förmchen verwenden, ist das nicht immer nötig, denn sie verleihen der Schokolade bereits einen Glanz.

Aufbewahrung
Luftdicht verpackt sind die Schokotafeln an einem kühlen Ort 1 bis 2 Wochen haltbar.

Heiße Schokolade am Stiel! Sie können sie raffiniert oder kinderfreundlich machen: Mit einem Spritzer Brandy, Rum, Cointreau oder Baileys wird die heiße Schokolade bei Erwachsenen zum Hit; wenn Sie Marshmallows und Schokostreusel zugeben, werden die Kleinen Sie lieben.

Trinkschokolade am Stiel

Ergibt etwa 12 Stück

200 g Zartbitter-, Vollmilch- oder weiße Kuvertüre
1 Spritzer Alkohol nach Wahl (nach Belieben)
Mandeln oder Haselnüsse, fein gehackt und geröstet
Mini-Marshmallows (nach Belieben)
Schokostreusel

Utensilien
12 Minimuffin-Förmchen aus Papier
12 Teelöffel oder Kaffeerührer aus Holz

Aufbewahrung
Luftdicht verpackt ist diese besondere Trinkschokolade an einem kühlen Ort bis zu 2 Wochen haltbar.

Die Kuvertüre hacken und in einer feuerfesten Schüssel über einem Topf mit leicht köchelndem Wasser schmelzen; der Schüsselboden darf das Wasser nicht berühren. Glatt rühren und vom Topf nehmen. Wenn die Schokolade für Erwachsene gedacht ist, jetzt den Alkohol einrühren. Nach Belieben Nüsse, Marshmallows und Schokostreusel zugeben.

Die flüssige Kuvertüre auf die Papierförmchen verteilen. Jeweils einen Löffel oder Kaffeerührer aufrecht in die Mitte stecken, anschließend die Schokolade mit der Garnitur bestreuen.

Fest werden lassen; erst danach als Geschenk verpacken oder servieren.

Zum Servieren etwa 200 ml Milch pro Trinkschokoladenstick in einem Topf erwärmen und dabei mit einem Schneebesen aufschäumen. In die Tasse gießen, das Papier von der Schokolade abziehen und diese in die Milch tunken. Langsam rühren, bis die Schokolade schmilzt, und genießen.

Marshmallows

Pistazien-Rosen-Marshmallows

Sommerbeeren-Marshmallows

Zitronige Blaubeer-Marshmallows

Marshmallow-Lollis

Marshmallows mit gerösteter Kokosnuss

Lebkuchen-Marshmallows

Marmorierte Mokka-Marshmallows

Doppelt gedippte Marshmallows

Wenn Sie noch nie selbst gemachte Marshmallows probiert haben, können Sie sich auf etwas ganz Besonderes freuen. Kleine Wölkchen, süß und duftend, die im Mund zergehen. Die Herstellung geht schnell und macht Spaß, und sie schmecken auch tausend Mal besser als jede im Handel erhältliche Alternative. Marshmallows sind für mich einfach der Himmel der Süßigkeiten.

Bei ihrer Herstellung gibt es eine unglaubliche Vielfalt an Geschmacksrichtungen, Formen und Farben. Vanille meliert, gewürzt oder aromatisiert mit frischen Fruchtpürees – für jeden gibt das passende Marshmallow. Meiner Erfahrung nach helfen Kinder unheimlich gern bei der Herstellung mit – allerdings ist beim Kochen und Gießen von heißem Sirup die Aufsicht eines Erwachsenen nötig.

Ich verwende für Marshmallows eher Blattgelatine als Pulver, denn sie bringt vom Geschmack her ein klareres Ergebnis und ist mittlerweile in jedem gut sortierten Supermarkt erhältlich. Alle Marshmallow-Rezepte in diesem Buch wurden mit Blattgelatine in der Qualität „Gold extra“ getestet (halten Sie Ausschau nach der Marke Dr. Oetker); sie wird fester als normale Blattgelatine.

Für die Herstellung von Marshmallows ist Vorbereitung das A und O – ich lege Ihnen dringend ans Herz, all die verschiedenen Zutaten griffbereit zu haben.

Marshmallows kann man einfach nur in Rechtecke schneiden, eingefettete Ausstechformen verwenden, oder die Masse zu einem Strang ziehen und in längliche und gedrehte Stücke schneiden. Marshmallow-Verschnitt wird zu einer Köstlichkeit, wenn man daraus ein Rocky Road zubereitet. Dafür hebt man die Verschnittstücke zusammen mit einer guten Handvoll gehackter Nüsse unter geschmolzene Kuvertüre. Oder man taucht sie in Schalen mit dampfend heißer Schokolade. Womit wir wieder bei der heißen Schokolade wären!

Das Schöne an diesen zart duftenden Marshmallows ist der farbliche Kontrast zwischen Rosa und leuchtendem Grün. Wenn Sie die blanchierten Pistazien selbst machen möchten, geben Sie geschälte, ungesalzene Pistazien für 1 bis 2 Minuten in kochendes Wasser und reiben dann die Haut mit den Fingern ab. Lassen Sie die Pistazien vor der Weiterverarbeitung mindestens 1 Stunde lang auf einem Küchenpapier trocknen.

Pistazien-Rosen-Marshmallows

Ergibt etwa 30 Stück

50 g blanchierte Pistazien
2 EL Puderzucker
2 EL Speisestärke
neutrales Pflanzenöl zum Einfetten
6 Blatt Gelatine (Qualität Gold extra)
2 große Eiweiß
1 Prise Salz
350 g Feinstzucker
1 TL Glukosesirup (oder heller Zuckerrübensirup)
1 bis 2 TL Rosenwasser
rosa Lebensmittelfarbe

Utensilien
Kuchenblech, 20 × 30 cm
Zuckerthermometer

Aufbewahrung
Luftdicht verpackt halten sich die Marshmallows bis zu 1 Woche.

Die Pistazien in einer Küchenmaschine fein hacken und beiseitestellen. Puderzucker und Speisestärke in einer Schüssel vermischen. Das Kuchenblech leicht mit Öl einfetten und mit eingefettetem Backpapier auslegen. Das Backpapier gleichmäßig mit der Puderzuckermischung bestäuben.

Die Blattgelatine in einer Schüssel mit kaltem Wasser 10 Minuten einweichen, währenddessen die restlichen Zutaten vorbereiten. Das Eiweiß in eine Küchenmaschine geben, Salz und 1 EL Feinstzucker zufügen.

Den restlichen Feinstzucker und den Glukosesirup in einen mittleren Topf geben und 150 ml Wasser zufügen. Bei mittlerer Hitze den Zucker unter leichtem Rühren auflösen. Die Temperatur erhöhen und die Mischung aufkochen. Gleichmäßig köcheln lassen, bis der Sirup eine Temperatur von 120 °C auf dem Zuckerthermometer erreicht hat. Den Topf vom Herd nehmen.

Die Blattgelatine abtropfen lassen und auf einem sauberen Geschirrtuch abtupfen. Das Eiweiß schnell steif schlagen. Zügig weiterarbeiten. Die Gelatine in den heißen Sirup geben und gleichmäßig verrühren. Das Rührgerät auf mittlere Stufe stellen und den heißen Sirup in einem langsamen und gleichmäßigen Strahl in den Eischnee laufen lassen. Dabei vermeiden, dass der Sirup direkt auf den Rührbesen läuft, dies führt dazu, dass er nicht untergemischt wird, sondern an die Wand der Rührschüssel spritzt. 3 bis 4 Minuten weiterschlagen, bis die Marshmallow-Masse abgekühlt, sehr weiß glänzend und steif genug ist, dass der Rührbesen deutliche Spuren darin hinterlässt, wenn er angehoben wird. Rosenwasser dazugeben und unterrühren. Mit einem Zahnstocher eine winzige Menge rosa Lebensmittelfarbe dazugeben und rühren, bis die Masse gleichmäßig gefärbt ist. Die Zugabe von Lebensmittelfarbe in kleinen Dosen erhöhen, um den gewünschten Rosaton zu erreichen – hier gilt: kleine Menge, große Wirkung.

Die Marshmallow-Masse auf das vorbereitete Kuchenblech füllen und mit einer gewinkelten Konditorpalette glatt streichen. Mit den Pistazien bestreuen und mindestens 2 Stunden kühl stellen, bis die Masse fest ist. Mit Frischhaltefolie abdecken und weitere 4 Stunden oder über Nacht stehen lassen.

Das restliche Puderzucker-Gemisch auf ein großes, mit Backpapier ausgelegtes Backblech sieben. Das Marshmallow vorsichtig darauf stürzen und das Backpapier abziehen. Mit einem eingefetteten Küchenmesser in zierliche, fingerbreite Stücke schneiden, jedes Stück mit den Seitenflächen und Unterseiten im Puderzucker-Gemisch wenden und servieren.

Für diese herzförmigen Marshmallows, wie auf Seite 62 abgebildet, wurde eine leicht eingefettete Ausstechform verwendet. In einer hübschen Schachtel verpackt sind sie ein wunderbares Geschenk zum Valentinstag oder für Hochzeitsgäste.

Sommerbeeren-Marshmallows

Ergibt etwa 40 Stück

2 EL Puderzucker
2 EL Speisestärke
neutrales Pflanzenöl zum Einfetten
350 g Erdbeeren und Himbeeren, Abtropfgewicht
350 g Feinstzucker, zzgl. 2 EL
½ TL Vanillepaste
2 TL Zitronensaft
2 große Eiweiß
1 Prise Salz
6 Blatt Gelatine (Qualität Gold extra)

Utensilien
quadratisches Kuchenblech, 23 cm
Zuckerthermometer

Aufbewahrung
Luftdicht verpackt halten sich Sommerbeeren-Marshmallows 3 bis 4 Tage.

Den Puderzucker zusammen mit der Speisestärke in eine kleine Schüssel sieben. Das Kuchenblech leicht mit Öl einfetten und anschließend mit leicht eingefettetem Backpapier auslegen. Das Backpapier gleichmäßig mit der Puderzuckermischung bestäuben und den Überschuss in die Schüssel zurückgeben.

In einem kleinen Topf die Beeren mit 1 EL Feinstzucker, Vanillepaste und Zitronensaft bei niedriger bis mittlerer Hitze köcheln, bis sie richtig weich und saftig sind. Die Mischung in ein Sieb geben und mit einem Holzlöffel in eine Schüssel durchstreichen. Das Beerenpüree in den gereinigten Topf zurückgeben. Bei schwacher Hitze unter ständigem Rühren köcheln lassen und so lange reduzieren, bis das Püree eine marmeladenartige Konsistenz hat. Vom Herd nehmen.

Das Eiweiß in eine Küchenmaschine geben. Salz und 1 EL Feinstzucker zufügen, aber noch nicht anfangen zu schlagen. Die Gelatine in einer Schüssel mit kaltem Wasser 10 Minuten einweichen.

350 g Feinstzucker in einen mittleren Topf geben und 150 ml Wasser zufügen. Den Zucker bei schwacher bis mittlerer Hitze unter ständigem Rühren auflösen. Aufkochen und so lange köcheln lassen, bis das Zuckerthermometer 125 °C anzeigt. Den Topf vom Herd nehmen. Nun müssen Sie drei Dinge gleichzeitig tun: Das Eiweiß auf mittlerer Stufe steif schlagen, das Püree bei schwacher bis mittlerer Hitze erwärmen und die Gelatineblätter abtropfen lassen und auf einem sauberen Küchentuch abtupfen.

Die Gelatine zum heißen Sirup geben und mit einem Schneebesen untermischen. Das Rührgerät auf mittlere Stufe stellen und die heiße Mischung in einem langsamen, gleichmäßigen Strahl zum Eischnee geben. Da das Eiweiß durch den heißen Sirup stark erhitzt wird, geht es stark auf und verdoppelt sein Volumen. Das Beerenpüree hineingeben und etwa 3 Minuten weiterrühren, bis die Mischung leicht abgekühlt, sehr dick und glänzend ist und der Rührbesen Spuren darin hinterlässt.

Die Mischung auf das vorbereitete Kuchenblech füllen, mit einer Konditorpalette glatt streichen und beiseitestellen. Erst wenn die Masse vollständig abgekühlt ist, mit Frischhaltefolie abdecken und mindestens 4 Stunden oder über Nacht stehen lassen, bis sie fest ist.

Die restliche Puderzuckermischung auf ein mit Backpapier ausgelegtes Backblech sieben. Das Marshmallow vorsichtig darauf stürzen und das Backpapier abziehen. Mit einem eingefetteten Küchenmesser, einer herzförmigen Ausstechform oder einem Pizzarad das Marshmallow in mundgerechte Stücke schneiden und in der Puderzuckermischung wenden, bis es rundherum bedeckt ist.

Ich entschuldige mich schon jetzt für den unverhältnismäßig hohen Verbrauch an Schüsseln bei diesem Rezept – aber das Ergebnis ist es wert und ich habe festgestellt, dass sich immer genug Helfer finden, wenn eine Marshmallow-Produktion auf dem Plan steht.
Wenn Sie keine zweischichtigen Marshmallows machen möchten, dann mischen Sie einfach das Blaubeerpüree, die Zitronenschale und die Zitronensäure unter die Marshmallow-Grundmischung. Das Ergebnis wird vielleicht nicht ganz so hübsch, aber keinesfalls weniger köstlich sein.

Zitronige Blaubeer-Marshmallows

Ergibt 20 bis 30 Stück

2 TL Speisestärke
2 TL Puderzucker
neutrales Pflanzenöl zum Einfetten
1 unbehandelte Zitrone
200 g frische Blaubeeren
350 g Feinstzucker
½ TL Vanillepaste
6 Blatt Gelatine (Qualität Gold extra)
2 große Eiweiß
1 Prise Salz
¼ TL Zitronensäure

Utensilien
quadratisches Kuchenblech, 20 cm
Zuckerthermometer
runde Ausstechform, 2 bis 3 cm (nach Belieben)

Aufbewahrung
Lagenweise zwischen Backpapier geschichtet und luftdicht verpackt halten sich die Marshmallows 3 bis 4 Tage.

Die Speisestärke und den Puderzucker in einer Schüssel vermischen. Das Kuchenblech leicht mit Öl einfetten und anschließend mit eingefettetem Backpapier auslegen. Das Backpapier mit der Puderzuckermischung bestäuben. Den Überschuss in die Schüssel zurückgeben und beiseitestellen.

Die Zitronenschale dünn abreiben und beiseitestellen. Den Saft einer Zitronenhälfte auspressen und mit den Blaubeeren und 1 EL Feinstzucker in einen kleinen Topf geben. Die Blaubeeren bei schwacher Hitze köcheln, bis sie platzen und sehr weich werden. Mit einem Stabmixer sämig pürieren und unter ständigem Rühren köcheln lassen, bis das Püree auf 2 bis 3 EL reduziert ist und eine marmeladenartige Konsistenz hat. Vanillepaste hineingeben, vom Herd nehmen und beiseitestellen.

Die Gelatineblätter in einer mittleren Schüssel mit kaltem Wasser bedecken und 10 Minuten stehen lassen. Das Eiweiß in die Schüssel einer Küchenmaschine geben und Salz sowie 1 EL Feinstzucker zufügen.

Den restlichen Zucker in einen mittleren Topf geben, 150 ml Wasser zufügen und den Zucker bei schwacher Hitze auflösen. Den Sirup aufkochen und köcheln lassen, bis das Zuckerthermometer 120 °C anzeigt. Nun muss zügig gearbeitet werden. Den Sirup vom Herd nehmen und beginnen, das Eiweiß auf hoher Stufe steif zu schlagen. Die Gelatine aus dem Wasser nehmen und auf einem sauberen Küchentuch abtupfen. Die aufgeweichten Gelatineblätter schnell in den heißen Sirup geben und mit einem Teigschaber untermischen. Während das Rührgerät auf niedriger bis mittlerer Stufe läuft, den heißen Sirup in einem langsamen und gleichmäßigen Strahl in den Eischnee fließen lassen. Dabei vermeiden, dass der Sirup direkt auf den Rührbesen läuft; dies führt dazu, dass er nicht untergemischt wird, sondern an die Wand der Rührschüssel spritzt. Auf mittlerer bis hoher Stufe 3 Minuten weiterschlagen, bis die Mischung abgekühlt ist und ihr Volumen verdoppelt oder verdreifacht hat. Sie ist nun sehr dick und weiß glänzend und der Rührbesen hinterlässt darin deutliche Spuren, wenn er angehoben wird.

Fortsetzung auf der nächsten Seite

Die Hälfte der Mischung in eine andere Schüssel füllen, Zitronensäure und abgeriebene Zitronenschale zugeben und mit einem Teigschaber gut vermischen. Die zitronige Marshmallow-Masse schnell auf das vorbereitete Kuchenblech füllen und mit einer Konditorpalette glatt streichen. Das Blaubeerpüree unter die restliche Marshmallow-Mischung heben, gut vermengen und auf die Zitronenmischung geben und glatt streichen. Das Marshmallow erst mit Frischhaltefolie abdecken, wenn es vollständig abgekühlt ist, und mindestens 4 Stunden oder über Nacht stehen lassen, bis es fest ist.

Die restliche Mischung aus Speisestärke und Puderzucker auf ein mit Backpapier ausgelegtes Backblech sieben. Das Marshmallow vorsichtig darauf stürzen und das Backpapier abziehen. Mit einer leicht eingefetteten Ausstechform oder einem Küchenmesser in Stücke schneiden, die einzelnen Stücke in der Puderzuckermischung rollen, bis sie rundherum bedeckt sind, und servieren.

Wenn ich diese Lollis sehe, muss ich einfach lächeln. Sie sind ein klein bisschen verrückt, sehen richtig hübsch aus und die ganze Marshmallow-Welt steht Ihnen offen, wenn es ans Verzieren geht: Sie können die Lollis einfache als weiße Wirbel lassen, sie mit geschmolzener weißer oder dunkler Kuvertüre besprenkeln oder, wenn Sie sehr mutig sind, mit bunten Streuseln garnieren!

Marshmallow-Lollis

Ergibt etwa 12 Stück

- 2 EL Puderzucker
- 2 EL Speisestärke
- 6 Blatt Gelatine (Qualität Gold extra)
- 2 große Eiweiß
- 1 Prise Salz
- 350 g Feinstzucker
- 1 EL Glukosesirup (oder heller Zuckerrübensirup)
- 1 TL Vanillepaste oder das Mark von ½ Vanilleschote
- 40 g Zartbitterkuvertüre, gehackt
- 40 g weiße Kuvertüre, gehackt
- 1 EL Zuckerstreusel

Utensilien

Zuckerthermometer
2 große Spritzbeutel
Lochtülle, 1 cm
1 Sterntülle
2 Einwegspritzbeutel
12 Lollistiele

Aufbewahrung

Luftdicht verpackt halten sich die Marshmallow-Lollis bis zu 1 Woche.

Zwei große Backbleche mit Backpapier auslegen. Puderzucker und Speisestärke in einer kleinen Schüssel vermischen und die Bleche großzügig mit einer dicken, gleichmäßigen Schicht bestäuben. Die Lollistiele mit ausreichendem Abstand voneinander auf der Puderzuckermischung anordnen (6 Stück pro Blech).

Die Gelatineblätter in einer Schüssel mit kaltem Wasser 10 Minuten einweichen.

Das Eiweiß in die Schüssel einer Küchenmaschine geben und Salz sowie 1 EL Feinstzucker zufügen. Noch nicht schlagen.

Den restlichen Feinstzucker und den Glukosesirup in einen mittleren Topf geben und 150 ml Wasser zufügen. Den Zucker bei mittlerer Hitze unter leichtem Rühren auflösen. Die Temperatur erhöhen und die Mischung aufkochen. Köcheln lassen, bis das Zuckerthermometer 120 °C anzeigt. Den Topf vom Herd nehmen.

Die Gelatine abtropfen lassen und auf einem sauberen Küchentuch abtupfen. Das Eiweiß steif schlagen und zügig weiterarbeiten. Die Gelatine zum heißen Sirup geben und gleichmäßig unterrühren. Während das Rührgerät auf mittlerer Stufe läuft, den heißen Sirup in einem gleichmäßigen Strahl zum Eischnee geben. Die Vanille zufügen und weitere 3 bis 4 Minuten schlagen, bis die Mischung abgekühlt, sehr weiß glänzend und so steif ist, dass der Rührbesen deutliche Spuren darin hinterlässt, wenn er angehoben wird.

In einen der beiden großen Spritzbeutel die Lochtülle, in den anderen die Sterntülle einsetzen. Die Mischung schnell auf beide Spritzbeutel verteilen. Enge Spiralen über ein Ende eines jeden Lollistiels spritzen. 10 Minuten trocknen lassen, dann mit einer kleinen Menge der Puderzucker-Speisestärke-Mischung leicht bestäuben. Mindestens 4 Stunden an einen kühlen Ort stellen, bis die Masse fest ist.

Die Zartbitterkuvertüre und die weiße Kuvertüre jeweils in feuerfeste Schüsseln geben und über einem Topf mit leicht köchelndem Wasser schmelzen; die Schüsselböden dürfen das Wasser nicht berühren. Glatt rühren und in die beiden Einwegspritzbeutel füllen. In die Beutelspitzen winzige Öffnungen schneiden und die Kuvertüre kreuz und quer über die Lollis spritzen. Mit Streuseln verzieren und vor dem Servieren noch eine Weile liegen lassen, bis die Kuvertüre fest ist.

Marshmallows mit gerösteter Kokosnuss

Ergibt 30 bis 40 Stück

75 g gesüßte Kokosraspel oder getrocknete Kokosnuss
neutrales Pflanzenöl zum Einfetten
1 EL Speisestärke
1 EL Puderzucker
6 Blatt Gelatine (Qualität Gold extra)
2 große Eiweiß
300 g Feinstzucker
½ TL Vanillepaste
1 Prise Salz
75 g Palmzucker oder heller Farinzucker
1 TL natürlicher Kokosnuss-Extrakt

Utensilien
Kuchenblech, 23 cm mit 4 cm hohem Rand
Zuckerthermometer

Aufbewahrung
Luftdicht verpackt halten sich die Marshmallows bis zu 1 Woche.

Die Kokosraspel in eine trockene Pfanne geben und bei schwacher Hitze goldgelb rösten, dabei ständig wenden, damit sie nicht verbrennen. Vom Herd nehmen und beiseitestellen.

Das Kuchenblech leicht mit Öl einfetten, den Boden und die Seitenflächen mit Backpapier auslegen und ebenfalls leicht einfetten. Die Speisestärke und den Puderzucker in einer kleinen Schüssel vermischen. In ein Sieb füllen und das eingefettete Backpapier leicht bestäuben; den Überschuss in die Schüssel zurückgeben. Die Hälfte der gerösteten Kokosraspel in einer gleichmäßigen Schicht auf dem Boden des Kuchenblechs verteilen.

Die Gelatineblätter 10 Minuten in einer Schüssel mit kaltem Wasser einweichen. In der Zwischenzeit das Eiweiß in die Schüssel einer Küchenmaschine geben. 1 EL Feinstzucker, Vanillepaste und Salz zugeben, aber noch mit dem Rühren warten.

Palmzucker sowie den restlichen Feinstzucker in einen Topf geben, 150 ml Wasser zufügen und bei mittlerer Hitze erwärmen. Sobald der Zucker vollständig aufgelöst ist, den Sirup aufkochen. Gleichmäßig köcheln lassen; mithilfe des Zuckerthermometers den Sirup auf 120 °C erhitzen

Nun muss es schnell gehen. Den Topf vom Herd nehmen. Das Eiweiß steif schlagen. Die eingeweichte Gelatine abtropfen lassen und schnell auf einem trockenen Küchentuch abtupfen, anschließend zusammen mit dem Kokosnuss-Extrakt zum heißen Sirup geben und schnell rühren, damit die Zutaten sich verbinden. Während das Rührgerät auf niedriger bis mittlerer Stufe läuft, den Sirup in einem langsamen, gleichmäßigen Strahl zum Eischnee geben; dabei darauf achten, dass der Sirup in das Eiweiß fließt und nicht direkt auf den Rührbesen. Sobald der ganze Sirup zugegeben ist, die Geschwindigkeit auf mittlere Stufe erhöhen und weitere 3 bis 4 Minuten rühren, bis die Mischung steif ist, weiß glänzt und der Rührbesen deutliche Spuren darin hinterlässt, wenn er angehoben wird.

Mit einem Teigschaber die Marshmallow-Masse auf das vorbereitete Kuchenblech füllen und mit einer Konditorpalette glatt streichen. Mit den restlichen gerösteten Kokosraspeln bestreuen und bei Zimmertemperatur abkühlen lassen. Mit Frischhaltefolie abdecken und einige Stunden oder über Nacht ruhen und fest werden lassen.

Das Marshmallow vorsichtig aus dem Kuchenblech auf eine Arbeitsplatte stürzen und das Backpapier abziehen. Mit einem eingefetteten Küchenmesser in gleich große Stücke schneiden und in den losen Kokosraspeln wenden, damit sie nicht aneinanderkleben.

Für die Kokosschicht auf diesen Marshmallows gibt es zwei Möglichkeiten. Man kann es sich leicht machen und getrocknete Kokosnuss verwenden, die man überall bekommt, oder gesüßte Kokosraspel, die, wie der Name schon sagt, süßer sind und längere Kokosnussstücke enthalten. Wann immer ich gesüßte Kokosraspel in einem Fachgeschäft oder im Internet sehe, lege ich mir einen Vorrat davon an, da sie für eine besonders spektakuläre Kokosschicht auf Süßigkeiten und Kuchen sorgen. Ich habe in diesem Rezept auch natürlichen Kokosnussextrakt verwendet, der nicht mit Kokosnussaroma verwechselt werden sollte – das ist ein ganz anderes Zeug und hat nichts, aber auch gar nichts mit einer echten Kokosnuss zu tun.

Obwohl diese würzigen Marshmallows schon für sich allein ziemlich lecker sind, muss man manchmal einfach auf den Putz hauen – und wenn ich sage auf den Putz hauen, dann meine ich das auch so. Besorgen Sie eine Packung feine Kekse und ein Glas Dulce de Leche (oder eine andere gute Toffee-Sauce), organisieren Sie ein Lagerfeuer und eine Gitarre für den richtigen Sound. Auf jeden Keks kommt ein großzügiger Löffel Toffee-Sauce, während die Marshmallows über dem Feuer rösten. Dann setzen Sie die schmelzenden Marshmallows in die Toffee-Sauce und bedecken das Ganze mit einem zweiten Keks. Kochen am Lagerfeuer kann so aufregend sein!

Lebkuchen-Marshmallows

Ergibt etwa 30 Stück

neutrales Pflanzenöl zum Einfetten
2 EL Puderzucker
2 EL Speisestärke
6 Blatt Gelatine (Qualität Gold extra)
2 große Eiweiß
200 g Feinstzucker
1 Prise Salz
2 TL gemahlener Ingwer
½ TL gemahlener Zimt
1 Msp. Piment
1 Msp. Nelken
großzügiger Abrieb einer Muskatnuss
100 g heller Farinzucker
2 EL Melassesirup oder schwarzer Rübensirup
2 EL heller Zuckerrübensirup

Utensilien

quadratisches Kuchenblech, 20 cm
Zuckerthermometer

Aufbewahrung

Luftdicht verpackt halten sich die Marshmallows bis zu 1 Woche.

Das Kuchenblech leicht mit Öl einfetten und mit ebenfalls eingefettetem Backpapier auslegen. Den Puderzucker und die Speisestärke in einer kleinen Schüssel vermischen. Das ausgelegte Kuchenblech mit etwa einem EL der Puderzuckermischung bestäuben, den Überschuss zurück in die Schüssel geben und beiseitestellen.

Die Gelatineblätter in eine Schüssel geben, mit kaltem Wasser bedecken und einweichen, während die restlichen Zutaten vorbereitet werden.

Das Eiweiß in eine Küchenmaschine geben. 1 EL Feinstzucker sowie Salz zufügen, aber noch nicht mit dem Rühren beginnen. Alle Gewürze in einer kleinen Schüssel miteinander vermischen.

Den restlichen Feinstzucker, Farinzucker und Melasse- und Zuckerrübensirup in einen mittleren Topf geben. 150 ml Wasser zufügen und den Zucker bei mittlerer Hitze auflösen. Den Sirup aufkochen und gleichmäßig köcheln lassen, bis das Zuckerthermometer eine Temperatur von 120 °C anzeigt. Nun zügig arbeiten. Den Topf vom Herd nehmen und beginnen, das Eiweiß auf mittlerer bis hoher Stufe steif zu schlagen. Die aufgeweichte Gelatine abtropfen lassen und auf einem sauberen Küchentuch abtupfen. Zum heißen Sirup geben und schnell mit einem Teigschaber untermischen. Während das Rührgerät auf niedriger bis mittlerer Stufe läuft, den Sirup in einem langsamen, gleichmäßigen Strahl zum Eischnee geben; dabei darauf achten, dass der Sirup in das Eiweiß fließt und nicht direkt auf den Rührbesen. Die Eiweißmasse bläht sich auf, während der Sirup hineingegossen wird. Die Rührgeschwindigkeit erhöhen und 3 bis 4 Minuten weiterrühren, bis die Mischung dick und glänzend ist. Die Gewürze dazugeben und 5 Sekunden unterrühren.

Die Marshmallow-Masse auf das vorbereitete Kuchenblech füllen und glatt streichen. Bei Zimmertemperatur abkühlen lassen, mit Frischhaltefolie abdecken und mindestens 4 Stunden oder über Nacht ruhen lassen, bis die Masse fest ist.

Die übrige Puderzuckermischung auf einem Backblech verteilen. Das Marshmallow auf das Backblech stürzen und das Backpapier abziehen. Mit einem eingefetteten Küchenmesser in Stücke schneiden und in der Puderzuckermischung wenden.

Diese Marshmallows schmecken einfach köstlich, wie sie sind. Trotzdem finde ich, sie schreien geradezu nach einem großen Becher dampfender, heißer Schokolade, einem gemütlichen Sessel in einer kuscheligen, ruhigen Ecke und einem guten Buch.

Marmorierte Mokka-Marshmallows

Ergibt etwa 40 Stück

neutrales Pflanzenöl zum Einfetten
1 EL Puderzucker
1 EL Speisestärke
2 große Eiweiß
1 Prise Salz
350 g Feinstzucker
5 Blatt Gelatine (Qualität Gold extra)
3 bis 4 TL Kaffeeextrakt
50 g Zartbitterkuvertüre, grob geraspelt

Utensilien
quadratisches Kuchenblech, 20 cm
Zuckerthermometer

Aufbewahrung
Lagenweise zwischen Backpapier geschichtet und luftdicht verpackt halten sich die Marshmallows bis zu 1 Woche.

Das Kuchenblech leicht mit Öl einfetten, mit Backpapier auslegen und das Papier ebenfalls einfetten. Den Puderzucker und die Speisestärke in einer kleinen Schüssel vermischen. Das Backpapier mit ein wenig Puderzuckermischung bestäuben und den Überschuss zurück in die Schüssel geben.

Das Eiweiß in die Schüssel einer Küchenmaschine geben. Salz und 1 EL Feinstzucker dazugeben und beiseitestellen. Die Gelatineblätter 10 Minuten in einer Schüssel mit kaltem Wasser einweichen.

Den restlichen Feinstzucker in einen kleinen bis mittleren Topf geben und 125 ml Wasser zufügen. Den Zucker bei schwacher bis mittlerer Hitze auflösen. Die Temperatur erhöhen und den Sirup gleichmäßig köcheln lassen, bis das Zuckerthermometer eine Temperatur von 120 °C anzeigt. Ab jetzt heißt es: Multitasking. Zunächst das Eiweiß auf mittlerer bis hoher Stufe steif schlagen. Die Gelatineblätter abtropfen lassen und auf einem sauberen Küchentuch abtupfen. Zügig weiterarbeiten. Den Topf vom Herd nehmen, die Gelatine zum heißen Sirup geben und mit einem Teigschaber gut untermischen. Während das Rührgerät auf mittlerer Stufe läuft, den heißen Sirup in einem langsamen, gleichmäßigen Strahl in den Eischnee laufen lassen. Sobald der gesamte Sirup in der Rührschüssel ist, die Rührgeschwindigkeit erhöhen und 3 Minuten auf mittlerer bis hoher Stufe weiterrühren, bis die Masse ihr Volumen verdoppelt hat, sehr dick ist und schön glänzt. Den Kaffeeextrakt dazugeben und unterrühren.

Mit einem Teigschaber die Hälfte der geraspelten Kuvertüre behutsam unter die Marshmallow-Masse heben (für eine schöne Marmorierung mit möglichst viel Feingefühl vorgehen). Dabei schmilzt die Kuvertüre in der noch immer warmen Marshmallow-Mischung. Die Masse mit dem Teigschaber auf das vorbereitete Kuchenblech füllen und mit einer Konditorpalette sehr vorsichtig glatt streichen, sodass das Blech ausgefüllt ist. Vollständig auskühlen lassen, mit Klarsichtfolie abdecken und mindestens 4 Stunden ruhen lassen, bis die Masse sich vollständig verfestigt hat.

Die restliche geraspelte Kuvertüre und die Puderzuckermischung auf einem großen Backblech verteilen. Das Marshmallow auf das Blech stürzen und das Backpapier vorsichtig abziehen. Anschließend das Marshmallow mit einem heißen oder leicht eingefetteten Messer in viereckige Stücke schneiden, dabei jedes Stück mit den Seitenflächen in der Kuvertüre und der Puderzuckermischung wenden, damit die einzelnen Stücke nicht zusammenkleben.

Wenn Sie möchten, können Sie die Marshmallows als süßes Fondue zum Nachtisch anbieten. Servieren Sie Ihren Gästen einfach eine Schale Marshmallows, eine weitere mit geschmolzener Kuvertüre und eine Auswahl verschiedener Garnierungen. Neben den folgenden Garnierungen gibt es unendlich viele Variationen, die Sie ausprobieren können: gefriergetrocknete Banane, Zuckerstreusel, gesalzene Erdnüsse …

Doppelt gedippte Marshmallows

Ergibt etwa 30 Stück

neutrales Pflanzenöl zum Einfetten
2 EL Puderzucker
2 EL Speisestärke
6 Blatt Gelatine (Qualität Gold extra)
2 große Eiweiß
1 Prise Salz
350 g Feinstzucker
1 EL Glukosesirup oder heller Zuckerrübensirup
1 TL Vanillepaste oder das Mark von ½ Vanilleschote
100 g Zartbitterkuvertüre, gehackt
50 g geröstete Pekannüsse, fein gehackt
25 g gefriergetrocknete Himbeeren
50 g Schokoladenstreusel

Utensilien

quadratisches Kuchenblech, 20 cm
Zuckerthermometer

Aufbewahrung

Luftdicht verpackt halten sich die Marshmallows bis zu 1 Woche.

Das Kuchenblech mit Öl einfetten und mit ebenfalls eingefettetem Backpapier auslegen. Den Puderzucker und die Speisestärke in einer kleinen Schüssel vermischen und das Kuchenblech bestäuben. Den Überschuss zurück in die Schüssel geben.

Die Gelatineblätter etwa 10 Minuten in kaltem Wasser einweichen. Das Eiweiß in die Schüssel einer Küchenmaschine geben und eine Prise Salz sowie 1 EL Feinstzucker zufügen, aber noch nicht verrühren.

Den restlichen Feinstzucker und den Glukosesirup in einen mittleren Topf geben und 150 ml Wasser zufügen. Bei mittlerer Hitze leicht köcheln, damit der Zucker sich auflöst. Die Temperatur erhöhen und die Mischung aufkochen. Den Sirup gleichmäßig köcheln lassen, bis das Zuckerthermometer 120 °C anzeigt. Den Topf vom Herd nehmen.

Die Gelatine abtropfen lassen und auf einem sauberen Küchentuch abtupfen. Das Eiweiß steif schlagen. Zügig weiterarbeiten. Die Gelatine zum heißen Sirup geben und gut unterrühren. Während das Rührgerät auf mittlerer Stufe läuft, den heißen Sirup in einem gleichmäßigen Strahl zum Eischnee geben. Die Vanillepaste zufügen und weitere 3 bis 4 Minuten rühren, bis die Mischung abgekühlt, weiß, glänzend und steif genug ist, dass der Rührbesen Spuren darin hinterlässt.

Die Mischung mit einem Teigschaber auf das vorbereitete Kuchenblech füllen und mit einer Konditorpalette glatt streichen. Mindestens 2 Stunden an einen kühlen Ort stellen, bis die Masse fest ist, anschließend mit Frischhaltefolie abdecken und weitere 4 Stunden oder über Nacht ruhen lassen.

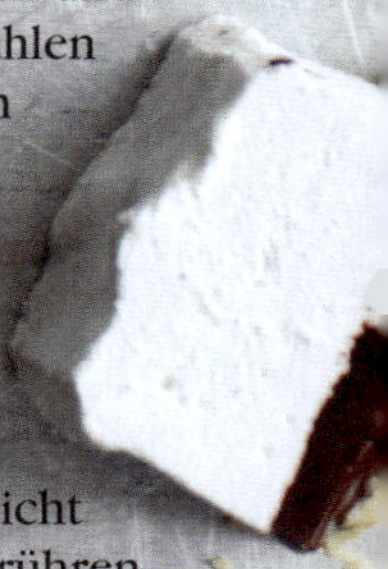

Die restliche Puderzuckermischung auf ein großes Backblech sieben. Das Marshmallow auf das Backblech stürzen und das Backpapier abziehen. Mit einem eingefetteten Küchenmesser in viereckige Stücke schneiden.

Die Kuvertüre in eine feuerfeste Schüssel geben und über einem Topf mit leicht köchelndem Wasser schmelzen; der Schüsselboden darf das Wasser nicht berühren. Glatt rühren, von der Hitze nehmen und leicht abkühlen lassen. Die gerösteten Pekannüsse in eine flache Schüssel geben. Die gefriergetrockneten Himbeeren in einem Mörser zerstoßen und in eine zweite Schüssel füllen. Die Schokoladenstreusel in eine dritte Schüssel geben. Die einzelnen Marshmallows mit der Unterseite erst in die geschmolzene Kuvertüre tauchen und dann in jeweils eine der Verzierungen dippen, sodass eine Schicht entsteht. Zum Trocknen auf Backpapier legen.

Fruchtiges

Lokum – Türkisches Konfekt

Lokum mit Granatäpfeln und Blutorangen

Lokum mit Aprikosen und Honig

Pfirsich-Geleebonbons

Sommerbeeren-Geleebonbons

Schwarze-Johannisbeer-Geleebonbons

Birnenscheiben mit Schokoüberzug

Orangettes

Fruchtgummi-Röllchen

Feigen-Pistazien-Honigbällchen

Wenn Ihnen Schokolade und Karamell gerade zu üppig erscheinen, wenn Sie nach Nugat und Marshmallows mal wieder Abwechslung brauchen oder wenn Ihnen vielleicht einfach der Sinn nach etwas Leichterem steht – hier ist die Erlösung: Obst. Aber natürlich nicht einfach Obst, sondern Obst in Form von Süßigkeiten.

Manche Süßigkeiten erinnern mich an ganz bestimmte Anlässe und Zeitpunkte. Immer wenn ich zum Beispiel an Weihnachten denke, fällt mir als Erstes Lokum, Türkisches Konfekt, ein – mit Puderzucker bestäubt und lagenweise zwischen Wachspapier in einer hübschen Schachtel aufbewahrt, die quasi zur Tischdekoration gehörte. In unseren Weihnachtsstrümpfen fanden wir zudem immer ein Tütchen mit Orangettes – leckeren Streifen kandierter Orangenschale, halb mit Schokolade umhüllt. Geleebonbons fangen für mich wiederum die intensiven Fruchtaromen des Sommers ein. Am liebsten mache ich sie mit Beeren oder Steinobst. Durch die leuchtenden Farben sehen sie auch noch aus wie eine Schachtel gezuckerter Juwelen.

Wenn Sie Süßigkeiten aus frischem Obst herstellen, verwenden Sie möglichst immer reife Früchte der Saison; sie schmecken um Längen besser als Obst, das halbreif geerntet und um die halbe Welt transportiert worden ist. Falls Sie zu den Glücklichen gehören, die selbst Obst anbauen: Ich kann mir keinen schöneren Verwendungszweck für eine Steige voll frisch geernteter Beeren oder Pflaumen aus dem Garten vorstellen …

Türkisches Konfekt, das auf traditionelle Art mit Speisestärke statt mit Gelatine hergestellt wird, hat eine schöne, weiche Konsistenz, die auf der Zunge zergeht, und einen feinen Geschmack. Zwischen Wachspapier geschichtet und hübsch verpackt, eignet es sich wunderbar als Geschenk.

Lokum – Türkisches Konfekt

Ergibt 50 bis 70 Stück

neutrales Pflanzenöl zum Einfetten
90 g Speisestärke, zzgl. 2 EL
2 EL Puderzucker
750 g Feinstzucker
1 TL Weinstein
1 EL Zitronensaft
1 TL Rosenwasser
rosa und gelbe Lebensmittelfarbe
30 g ungesalzene Pistazienkerne
1 TL fein abgeriebene unbehandelte Zitronenschale oder ½ TL Zitronenextrakt

Utensilien

2 quadratische Kuchenbleche, 17 cm
Zuckerthermometer

Aufbewahrung

In einem kühlen Raum ist Lokum, lagenweise zwischen Wachspapier in einer Schachtel aufbewahrt und mit der übrigen Puderzuckermischung bestreut, 1 Woche bis 10 Tage haltbar.

Die Kuchenbleche mit Öl einfetten, Boden und Seiten mit Frischhaltefolie auslegen, diese ebenfalls leicht einfetten. In einer kleinen Schüssel 2 EL Speisestärke und den Puderzucker mischen und eine feine Schicht auf die Folie sieben. Den Rest zurück in die Schüssel geben und beiseitestellen.

Den Feinstzucker, die Hälfte des Weinsteins und den Zitronensaft mit 350 ml Wasser in einen mittelgroßen Topf mit schwerem Boden (am besten einen Stieltopf mit nur einem Griff; das macht das Ausgießen einfacher) geben und bei mittlerer Hitze den Zucker auflösen. Das Zuckerthermometer am Topfrand einhängen und den Sirup unter gelegentlichem Rühren aufkochen. Weiterköcheln lassen, bis der Sirup eine Temperatur von 125 °C erreicht. Den Topf vom Herd nehmen und warm halten.

In einem zweiten mittelgroßen Topf mit einem Schneebesen die übrige Speisestärke und Weinstein mit 400 ml Wasser glatt rühren. Auf niedriger Hitze unter ständigem Rühren aufkochen; dabei dickt die Mischung schnell ein und wird von einer weißlichen Flüssigkeit zu einer sehr festen, durchscheinenden Paste. 15 Sekunden köcheln lassen und anschließend ein Viertel des heißen Sirups in einem langsamen, gleichmäßigen Strahl in den Topf gießen, dabei ständig weiterrühren, um beide Mischungen zu einer völlig glatten Paste zu verbinden. Die übrigen drei Viertel des Sirups portionsweise ebenfalls unter ständigem Rühren dazugießen. Alles erneut aufkochen und bei gleichmäßig schwacher bis mittlerer Hitze 30 Minuten köcheln lassen, bis die Mischung sehr dick ist und seidig glänzt. Häufig umrühren, damit sie nicht am Topfboden anbrennt. Sie sollte die Konsistenz von steif geschlagener Sahne haben und sich in einer dicken blubbernden Masse vom Topfrand lösen.

Den Topf vom Herd nehmen und die Hälfte der Mischung in eine Schüssel gießen. Rosenwasser und eine winzige Menge Lebensmittelfarbe dazugeben, um feines Türkisches Konfekt in Hellrosa herzustellen. Zu einer gleichmäßigen Masse aufschlagen und die Pistazien einrühren. Die Mischung auf eines der vorbereiteten Bleche gießen und glatt streichen. Zur verbleibenden Mischung etwas gelbe Lebensmittelfarbe und Zitronenschale oder -extrakt zufügen und alles vermengen. Auf das zweite Backblech gießen und ebenfalls glatt streichen. Vollständig abkühlen lassen, die Kuchenbleche mit Frischhaltefolie bedecken und das Konfekt über Nacht an einem kühlen Ort fest werden lassen.

Am nächsten Tag die beiseitegestellte Puderzuckermischung auf einem großen Backblech verteilen. Das Türkische Konfekt von den Kuchenblechen auf das Backblech stürzen und die Frischhaltefolie abziehen. Mit einem leicht gefetteten Küchenmesser in Würfel schneiden und gleich jeden in der Puderzuckermischung wenden.

Halten Sie Ausschau nach großen Granatäpfeln, denn die geben am meisten Saft. Glücklicherweise haben Granatäpfel und Blutorangen gleichzeitig Saison – das macht sie zu perfekten Partnern. (Abbildung Seite 84 links)

Lokum mit Granatäpfeln und Blutorangen

Ergibt 30 bis 40 Stück

- neutrales Pflanzenöl zum Einfetten
- 90 g Speisestärke, zzgl. 2 EL
- 2 EL Puderzucker
- 2 große Granatäpfel
- 2 Blutorangen
- 650 g Feinstzucker
- 1 TL Weinstein
- 2 TL Zitronensaft
- 50 g blanchierte Mandeln, leicht angeröstet und grob gehackt

Utensilien

- 1 quadratisches Kuchenblech, 18 bis 20 cm Seitenlänge
- Zuckerthermometer

Aufbewahrung

In einem kühlen Raum ist Lokum, lagenweise zwischen Wachspapier in einer Schachtel aufbewahrt und mit der übrigen Puderzuckermischung bestreut, 1 Woche bis 10 Tage haltbar.

Das Kuchenblech mit Öl einfetten und Boden und Seiten mit ebenfalls eingefetteter Frischhaltefolie auslegen. In einer kleinen Schüssel die 2 EL Speisestärke und den Puderzucker mischen und eine feine Schicht auf die Folie sieben. Den Rest zurück in die Schüssel geben und beiseitestellen.

Granatäpfel und Blutorangen halbieren und auspressen, möglichst mit einer Zitruspresse – sie sollten 400 bis 450 ml Saft ergeben. Mit Wasser auf 600 ml auffüllen, die Hälfte davon in einen mittelgroßen Topf mit schwerem Boden gießen. Feinstzucker, die Hälfte des Weinsteins und den Zitronensaft dazugeben; bei mittlerer Hitze unter gelegentlichem Rühren den Zucker auflösen. Das Zuckerthermometer am Topfrand einhängen, den Sirup aufkochen und weiterköcheln lassen, bis er eine Temperatur von 125 °C erreicht.

Inzwischen in einem größeren Topf mit einem Schneebesen den übrigen Saft mit 90 g Speisestärke und dem übrigen Weinstein glatt rühren. Bei schwacher bis mittlerer Hitze unter ständigem Rühren aufkochen; dabei dickt die Mischung schnell ein und wird von einer weißlichen Flüssigkeit zu einer sehr festen, durchscheinenden Paste. 10 Sekunden köcheln lassen und anschließend ein Viertel des heißen Sirups in einem langsamen, gleichmäßigen Strahl in den Topf gießen, dabei ständig weiterrühren, um beide Mischungen zu einer samtweichen Paste zu verbinden. Den übrigen heißen Sirup in drei Portionen dazugießen, immer unter ständigem Rühren. Klümpchen, die jetzt entstehen, lassen sich nicht mehr entfernen.

Erneut aufkochen und bei schwacher bis mittlerer Hitze 20 Minuten köcheln lassen, bis die Mischung sehr dick ist und seidig glänzt; dabei immer wieder mit einem hitzebeständigen Teigschaber umrühren. Sie sollte die Konsistenz von steif geschlagener Sahne haben und sich in einer dicken blubbernden Masse vom Topfrand lösen.

Den Topf von der Hitze nehmen und die Mandeln einrühren. Die Masse auf das vorbereitete Blech gießen und mit einer gewinkelten Konditorpalette glatt streichen. Abkühlen lassen, mit Frischhaltefolie bedecken und über Nacht an einem kühlen Ort fest werden lassen.

Am nächsten Tag die beiseitegestellte Puderzuckermischung auf einem großen Backblech verteilen. Das Lokum vom Kuchenblech auf das Backblech stürzen und vorsichtig die Frischhaltefolie abziehen. Mit einem langen, leicht gefetteten Küchenmesser in Würfel schneiden und diese in der Puderzuckermischung wenden.

Diesmal verwende ich getrocknete Aprikosen – sie haben einen intensiven Geschmack. Wenn der Sirup fertig ist, brauchen Sie die Aprikosen nicht mehr, aber statt sie wegzuwerfen, rühren Sie sie lieber in griechischen Joghurt oder in Ihr Frühstücksmüsli. (Abbildung auf Seite 85 rechts)

Lokum mit Aprikosen und Honig

Ergibt etwa 50 Stück

neutrales Pflanzenöl zum Einfetten
75 g Speisestärke zzgl. 2 EL
2 EL Puderzucker
250 g verzehrfertige getrocknete Aprikosen
100 g klarer Honig, zzgl. 3 EL
½ Vanilleschote, längs halbiert
2 dünne Streifen unbehandelte Zitronenschale
400 g Feinstzucker
½ TL Weinstein
1 Spritzer Zitronensaft

Utensilien
quadratisches Kuchenblech, 18 cm
Zuckerthermometer

Aufbewahrung
In einem kühlen Raum ist Lokum, lagenweise zwischen Wachspapier in einer Schachtel aufbewahrt und mit der übrigen Puderzuckermischung bestreut, 1 Woche bis 10 Tage haltbar.

Das Kuchenblech mit Öl einfetten und Boden und Seiten mit ebenfalls eingefetteter Frischhaltefolie auslegen. In einer kleinen Schüssel die 2 EL Speisestärke und den Puderzucker mischen und eine feine Schicht auf die Folie sieben. Den Rest zurück in die Schüssel geben und beiseitestellen.

Die Aprikosen mit 600 ml Wasser, 3 EL klarem Honig, Vanilleschote und Zitronenschale in einen Topf geben und bei schwacher Hitze etwa 40 Minuten gar ziehen lassen, bis sie sehr weich sind. Gelegentlich mit einem Holzlöffel dagegendrücken, um möglichst viel Saft und Aroma aus den Aprikosen zu gewinnen. Den Topf vom Herd nehmen, Flüssigkeit und Früchte mindestens 2 Stunden abkühlen lassen.

Alles durch ein Sieb passieren, dabei nochmals möglichst viel Saft aus den Aprikosen drücken. Die Flüssigkeit abmessen (es sollten etwa 400 ml sein) und mit Wasser auf 600 ml auffüllen. Die Hälfte in einen mittelgroßen Topf gießen, Feinstzucker, den restlichen Honig, die Hälfte des Weinsteins und den Zitronensaft dazugeben. Bei schwacher Hitze und unter häufigem Rühren den Zucker auflösen. Das Zuckerthermometer am Topfrand einhängen, den Sirup aufkochen und bei mittlerer Hitze weiterköcheln lassen, bis er eine Temperatur von 125 °C erreicht.

In einem zweiten Topf die übrigen 300 ml Aprikosenflüssigkeit mit Weinstein und 75 g Speisestärke mit dem Schneebesen glatt rühren. Bei schwacher Hitze und unter ständigem Rühren aufkochen; dabei dickt die Mischung schnell ein und wird von einer weißlichen Flüssigkeit zu einer sehr festen, durchscheinenden Paste. Den Topf vom Herd nehmen und unter ständigem Rühren ein Viertel des heißen Aprikosensirups in einem langsamen, gleichmäßigen Strahl zugeben. Den übrigen Sirup nach und nach in 3 Portionen zugeben, immer unter Rühren. Klümpchen, die jetzt entstehen, lassen sich nicht mehr entfernen. Den Topf bei schwacher Hitze wieder auf den Herd stellen, dabei häufig mit einem hitzebeständigen Teigschaber umrühren, damit die Mischung nicht am Topfboden anbrennt. Etwa 30 Minuten weiterköcheln lassen, bis die Mischung dick ist und seidig glänzt. Sie sollte die Konsistenz von Brandteig oder steif geschlagener Sahne haben und sich in einer blubbernden Masse vom Topfrand lösen. Nach Geschmack einen Tropfen Zitronensaft zufügen. Auf das vorbereitete Blech gießen und mit einer gewinkelten Konditorpalette glatt streichen. Abkühlen lassen, dann mit Frischhaltefolie abgedeckt über Nacht in den Kühlschrank stellen.

Am nächsten Tag die beiseitegestellte Speisestärke-Puderzuckermischung gleichmäßig auf einem großen Backblech verteilen. Das Türkische Konfekt vom Kuchenblech auf das Backblech stürzen und vorsichtig die Frischhaltefolie abziehen. Mit einem langen, leicht gefetteten Küchenmesser in 2 cm große Würfel schneiden und gleich jeden in der Speisestärke-Puderzuckermischung wenden, damit sie nicht zusammenkleben. In einer Schachtel in Lagen zwischen Wachspapier aufbewahren.

Verwenden Sie auch für Geleebonbons immer reifes Obst der Saison. Früchte, die viel Sonne abbekommen haben, schmecken immer intensiver als ihre unreifen Verwandten, ganz egal, wie Sie diese weiterverarbeiten. Sie können statt der angegebenen Pfirsiche auch reife Aprikosen oder Nektarinen verwenden und das Mark von einer halben Vanilleschote zufügen. Lesen Sie aber vorher die Hinweise zur Herstellung von Geleebonbons auf Seite 88. (Abbildung auf Seite 92.)

Pfirsich-Geleebonbons

Ergibt 40 bis 50 Stück

neutrales Pflanzenöl zum Einfetten
4 große, reife, gelbfleischige Pfirsiche
350 g Feinstzucker
1 bis 2 EL Zitronensaft
20 g flüssiges Apfelpektin (aus dem Reformhaus)
150 g Zucker für den Überzug

Utensilien

1 quadratisches Kuchenblech, 18 cm
Zuckerthermometer

Aufbewahrung

Geleebonbons halten sich luftdicht verpackt 2 Wochen.

Boden und Seiten des Kuchenblechs einfetten und mit Frischhaltefolie auslegen.

Die Pfirsiche an der Unterseite kreuzweise einschneiden, in eine feuerfeste Schüssel legen und vollständig mit kochendem Wasser übergießen. Nach 30 bis 60 Sekunden herausnehmen, kalt abschrecken und mit einem scharfen Messer die Schale abziehen. Die Steine entfernen, das Fruchtfleisch in grobe Stücke schneiden und mit 1 EL Feinstzucker und 1 EL Zitronensaft in einen Topf geben. Bei niedriger Hitze in 3 bis 4 Minuten weich kochen, anschließend pürieren, durch ein Sieb passieren und die Menge abwiegen.

400 g Püree mit dem übrigen Feinstzucker in einen sauberen, mittelgroßen Topf geben und bei schwacher Hitze den Zucker unter häufigem Rühren auflösen. Das Zuckerthermometer am Topfrand einhängen, die Mischung bei schwacher Hitze weiterköcheln lassen, bis sie eine Temperatur von 107 °C erreicht; dabei mit einem hitzebeständigen Teigschaber weiterrühren, damit sie nicht am Topfboden anbrennt.

Pektin und einen Spritzer Zitronensaft mit dem Schneebesen einrühren und die Mischung einige Minuten weiterköcheln lassen, bis sie wieder 107 °C erreicht; dabei weiterrühren, um ein Anbrennen zu verhindern. Die Konsistenz sollte sehr dick sein und der von Konfitüre ähneln. Um zu testen, ob der Gelierpunkt schon erreicht ist, ½ TL von der Mischung in eine Schüssel mit kaltem Wasser tropfen lassen – sie sollte zu einem festen Bällchen werden. Falls nicht, einige Minuten unter ständigem Rühren weiterköcheln lassen und immer wieder die Konsistenz testen. Schließlich die Mischung auf das vorbereitete Blech gießen und glatt streichen. An einem kühlen Ort völlig abkühlen lassen, mit Frischhaltefolie abdecken und über Nacht fest werden lassen.

Am nächsten Tag den Zucker für den Überzug gleichmäßig auf einem Backblech verteilen. Die Fruchtmasse vorsichtig vom Kuchenblech auf den Zucker stürzen. Die Frischhaltefolie abziehen und das Gelee mit einem heißen oder leicht gefetteten Küchenmesser in 1,5 bis 2 cm große Würfel schneiden. Alle Bonbons sofort im Zucker wenden, damit sie nicht zusammenkleben. 30 bis 60 Minuten trocknen lassen, anschließend überschüssigen Zucker abschütteln und die Bonbons in hübschen Schachteln zwischen Wachspapier verpacken.

Zur Herstellung von Geleebonbons

Meine Großmutter hatte immer eine Schachtel „Newberry Fruits“ von Meltis vorrätig, wenn wir zu Besuch kamen. Diese klassischen Geleebonbons aus meiner Heimat Großbritannien hatten außen eine knusprige Zuckerschicht und waren innen flüssig. Sie wurden in einer schönen Box verkauft, die mehrere Geschmacksrichtungen enthielt, waren total schick und eigentlich für Erwachsene gedacht. Ich liebte jede einzelne Variante. Wenn Sie möchten, dass die Bonbons auf den folgenden Seiten genauso glamourös wirken, nennen Sie sie einfach bei ihrem französischen Namen, „Pâtes de Fruits“, und packen sie hübsch ein.

Fruchtige Geleebonbons sind eigentlich nicht schwer herzustellen, benötigen allerdings Ihre volle Aufmerksamkeit, und Sie sollten sich auf einiges Rühren und Thermometer-Beobachten gefasst machen. Die Herstellung kann bis zu 1 Stunde dauern, je nach dem Wasser- und Pektingehalt Ihres Fruchtpürees. Lassen Sie sich nicht dazu verleiten, den Gelierprozess verkürzen zu wollen – dadurch riskieren Sie nur, dass Ihnen die Mischung am Topfboden anbrennt; dann sind die köstlichen Fruchtaromen verflogen und die ganze Arbeit war umsonst.

Geleebonbons sind in unzähligen Geschmacksrichtungen und Farben erhältlich, doch mir schmecken Beeren und Steinobst besonders gut. Natürlich können Sie nach Lust und Laune mit Früchten experimentieren, die Sie vorrätig haben oder die frisch erhältlich sind. Versuchen Sie auch neue Kombinationen: etwa Erdbeeren mit Passionsfrucht oder Rosenwasser, Pfirsiche mit Vanillemark oder Aprikosen mit frischem Ingwer. Verwenden Sie aber immer reifes, aromatisches Obst der Saison.

Ansonsten benötigen Sie nur ein Zuckerthermometer, einen Topf mit schwerem Boden, einen hitzebeständigen Teigschaber und etwa 1 Stunde Zeit. Ein Topf mit schwerem Boden bringt meiner Erfahrung nach auch hier die besten Ergebnisse: Fruchtpüree mit Zucker ist empfindlich; an einem dünnen Topfboden setzt es sich leicht fest und brennt an – verbrannter Zucker oder verbranntes Obst beeinträchtigt aber den feinen Fruchtgeschmack Ihrer Bonbons. Einen Teigschaber aus Kunststoff finde ich wichtig, weil Sie damit beim Umrühren auch in die Winkel des Topfs kommen, die mit einem Kochlöffel aus Holz schwer zu erreichen sind.

Als Geliermittel verwende ich für meine Fruchtbonbons flüssiges Apfelpektin. Es ist am besten im Reformhaus oder online erhältlich.

Die Kochzeit hängt jeweils vom Wassergehalt und vom Reifegrad der Früchte ab; daher sollten die Zeitangaben im Buch eher als Orientierungshilfe statt als strikte Regel aufgefasst werden.

Auch Geleebonbons stelle ich lieber in überschaubaren Mengen auf einmal her: Das geht schneller, ist einfacher und man kann viele verschiedene Geschmacksrichtungen herstellen.

Wenn Sie Bonbons mit mehreren Schichten machen wollen, stellen Sie zwei verschiedene Geschmacksrichtungen und Farben her, die gut zusammenpassen, wie schwarze Johannisbeere und Pfirsich. Jede Sorte auf ein eigenes Kuchenblech geben, das mit Frischhaltefolie ausgekleidet ist, sodass das Gelee 2 mm hoch wird, und einige Stunden ruhen lassen. Es soll am Ende fest, aber immer noch weich und leicht klebrig sein. Dann jede Sorte quer in drei Rechtecke schneiden. Vorsichtig ein Rechteck der einen Sorte auf ein Rechteck der anderen Sorte stellen und zusammendrücken. Abdecken und über Nacht fest werden lassen. Anschließend in Stücke schneiden und in Zucker wenden.

Wenn Sie ein romantischer Mensch sind, sollten Sie diese Geleebonbons als Herzen ausstechen, statt sie einfach in Würfel zu schneiden. Was übrig bleibt, heben Sie luftdicht verpackt auf und erzählen niemandem davon – das ist Ihre Belohnung und unser kleines Geheimnis. Lesen Sie am besten vorher die Hinweise zur Herstellung von Geleebonbons auf Seite 88.

Sommerbeeren-Geleebonbons

Ergibt 40 bis 50 Stück

- neutrales Pflanzenöl zum Einfetten
- 450 g Erdbeeren und Himbeeren, gemischt
- 2 EL Zitronensaft
- 400 g Feinstzucker
- 30 g flüssiges Apfelpektin (aus dem Reformhaus)
- 150 g Zucker

Utensilien

- quadratisches Kuchenblech, 18 bis 20 cm Seitenlänge
- Zuckerthermometer
- herzförmige oder runde Ausstechform (nach Belieben)

Aufbewahrung

Luftdicht verpackt sind Geleebonbons 2 Wochen haltbar.

Boden und Seiten des Kuchenblechs einfetten und mit Frischhaltefolie auslegen.

Die Erdbeeren entstielen, waschen und halbieren. Mit den Himbeeren, 1 EL Zitronensaft und 2 EL Feinstzucker in einen Topf geben. Bei schwacher bis mittlerer Hitze köcheln lassen, bis die Beeren weich und saftig sind. Pürieren, durch ein feines Sieb passieren, die Kerne entfernen und das Püree abwiegen.

400 g Püree mit dem übrigen Feinstzucker in einen sauberen Topf geben und bei schwacher Hitze unter häufigem Rühren den Zucker auflösen. Das Zuckerthermometer am Topfrand einhängen, die Mischung aufkochen und gleichmäßig weiterköcheln lassen, bis sie eine Temperatur von 107 °C erreicht hat; dabei ständig mit einem hitzebeständigen Teigschaber rühren, damit die Mischung nicht anbrennt.

Pektin und den übrigen Zitronensaft mit dem Schneebesen einrühren und das Püree einige Minuten weiterköcheln lassen, bis es wieder 107 °C erreicht; weiterrühren, um ein Anbrennen zu verhindern. Die Konsistenz sollte sehr dick sein und der von Konfitüre ähneln. Um zu testen, ob der Gelierpunkt schon erreicht ist, ½ TL von der Mischung in eine Schüssel mit kaltem Wasser tropfen lassen – sie sollte zu einem festen Bällchen werden. Falls nicht, einige Minuten unter ständigem Rühren weiterköcheln lassen und jede Minute die Konsistenz testen. Schließlich die Mischung auf das vorbereitete Blech gießen, glatt streichen und abkühlen lassen. Mit Frischhaltefolie abdecken und über Nacht fest werden lassen.

Am nächsten Tag den Zucker für den Überzug auf einem Backblech verteilen. Die Fruchtmasse vorsichtig vom Kuchenblech auf den Zucker stürzen. Die Frischhaltefolie abziehen und das Gelee mit einem heißen oder leicht gefetteten Küchenmesser in 1,5 bis 2 cm große Würfel schneiden (oder Herzen oder Kreise ausstechen). Alle Bonbons sofort im Zucker wenden, 30 bis 60 Minuten trocknen lassen, dann überschüssigen Zucker abschütteln und die Bonbons in hübsche Schachteln zwischen Wachspapier einpacken.

Als ich klein war, gehörten Geleebonbons mit Johannisbeergeschmack zu meinen absoluten Favoriten und waren in einer gemischten Box immer als Erstes weg. Schwarze Johannisbeeren haben nur relativ kurz Saison, daher sollten Sie gleich eine größere Menge davon kaufen und entweder im Ganzen oder als Püree einfrieren. So können Sie jederzeit Geleebonbons daraus machen, wenn Sie Lust dazu haben. Schwarze Johannisbeeren haben einen hohen Pektingehalt und gelieren schneller als andere Früchte. Passen Sie daher besonders gut auf, wenn Sie die Bonbons machen, und lassen Sie sich nicht ablenken. Lesen Sie vorher auch die Hinweise zur Herstellung von Geleebonbons auf Seite 88.

Schwarze-Johannisbeer-Geleebonbons

Ergibt etwa 40 Stück

neutrales Pflanzenöl zum Einfetten
400 g schwarze Johannisbeeren
375 bis 425 g Feinstzucker
2 EL Zitronensaft
15 g flüssiges Apfelpektin (aus dem Reformhaus)
150 g Zucker

Utensilien

quadratisches Kuchenblech, 18 bis 20 cm Seitenlänge
Zuckerthermometer

Aufbewahrung

Luftdicht verpackt sind Geleebonbons an einem kühlen Ort 2 Wochen haltbar.

Boden und Seiten des Kuchen- oder Backblechs leicht einfetten und mit Frischhaltefolie auslegen.

Die schwarzen Johannisbeeren putzen und mit 1 EL Feinstzucker und 1 EL Zitronensaft in einen Topf geben. Bei schwacher Hitze köcheln lassen, bis die Beeren weich und saftig sind. Durch ein feines Sieb in eine Schüssel passieren, das Püree abwiegen.

300 g Püree mit 350 g des übrigen Feinstzuckers in einen sauberen Topf mit schwerem Boden geben und bei schwacher Hitze unter häufigem Rühren den Zucker auflösen. Das Zuckerthermometer am Topfrand einhängen, das Püree gleichmäßig köcheln lassen, bis es 107 °C erreicht hat; dabei mit einem hitzebeständigen Teigschaber weiterrühren, damit nichts am Topfboden anbrennt. Vorsichtig kosten (Achtung, heiß!) und etwas Zucker dazugeben, wenn die schwarzen Johannisbeeren zu sauer schmecken.

Noch 1 EL Zitronensaft und das Pektin dazugeben und alles gründlich verrühren. Unter häufigem Rühren weiterköcheln lassen, bis das Püree wieder 107 °C erreicht hat, sehr dick ist und in der Konsistenz beinahe der Konfitüre ähnelt.

Um zu testen, ob der Gelierpunkt schon erreicht ist, ½ TL vom Püree in eine Schüssel mit kaltem Wasser tropfen lassen – es sollte zu einem festen Bällchen werden. Falls nicht, die Fruchtmasse einige Minuten unter ständigem Rühren weiterköcheln lassen und jede Minute die Konsistenz testen. Schließlich das Püree auf das vorbereitete Blech gießen, glatt streichen und völlig abkühlen lassen. Anschließend mit Frischhaltefolie abdecken und über Nacht fest werden lassen.

Am nächsten Tag den Zucker für den Überzug gleichmäßig auf einem Backblech verteilen. Die Fruchtmasse vorsichtig vom Kuchenblech auf den Zucker stürzen. Die Frischhaltefolie abziehen und das Gelee mit einem heißen oder leicht gefetteten Küchenmesser in kleine Quadrate schneiden. Alle Bonbons sofort im Zucker wenden, damit sie nicht zusammenkleben. 30 bis 60 Minuten trocknen lassen, den überschüssigen Zucker abschütteln und die Bonbons servieren oder in hübsche Schachteln zwischen Wachspapier einpacken.

Manche Leckereien werden in hübsche Schachteln verpackt und nur zu besonderen Anlässen genascht, während andere zum baldigen Verzehr gedacht sind. Diese raffinierten Snacks gehören eindeutig zur Iss-mich-möglichst-frisch-Fraktion. Ich serviere sie gern zu einem schönen Likör, Sherry oder Dessertwein als Abschluss eines guten, reichhaltigen Mahls.

Es ist nicht so leicht, Birnen mit dem Messer in dünne, gleichmäßige Scheiben zu schneiden – ein eleganteres Resultat erzielen Sie mit einem Gemüsehobel. Übrige Birnenscheiben können Sie für einen Kuchen verwenden, in einen Salat mischen oder zu Fruchtgummi verarbeiten (siehe Seite 98).

Birnenscheiben mit Schokoüberzug

Ergibt etwa 30 Stück

50 g Feinstzucker
frisch gepresster Saft von ½ Zitrone
½ TL Vanillepaste oder Mark von ½ Vanilleschote
3 feste Dessertbirnen, z. B. Conference
150 g Zartbitterkuvertüre, fein gehackt

Utensilien

Gemüsehobel
2 Backbleche

Aufbewahrung

Ich empfehle, die Scheiben ganz frisch am Tag der Zubereitung zu verzehren.

Den Backofen auf 110 °C vorheizen.

Zucker, Zitronensaft, Vanillepaste oder Vanillemark und 100 ml Wasser in einem kleinen Topf zum Kochen bringen. 2 Minuten köcheln lassen, dann vom Herd nehmen.

Mit einem Gemüsehobel die Birnen längs (d.h. parallel zum Kernhaus) in 2 bis 3 mm dicke Scheiben hobeln. Jede Scheibe komplett in den Sirup tauchen, überschüssigen Sirup in den Topf abtropfen lassen. Die Scheiben in einer gleichmäßigen Schicht nebeneinander auf die Backbleche mit Backpapier legen. Auf der mittleren und unteren Schiene im Backofen etwa 2 Stunden backen; nach 1 Stunde alle Scheiben umdrehen und die Position der Backbleche tauschen. Wenn die Birnen allmählich knusprig und goldgelb werden, aus dem Backofen nehmen und zum Abkühlen auf ein Pralinengitter legen. Beim Abkühlen werden sie noch knuspriger.

Wenn die Birnenscheiben kalt sind, die Kuvertüre in einer feuerfesten Schüssel über einem Topf mit leicht köchelndem Wasser schmelzen; der Schüsselboden darf das Wasser nicht berühren. Glatt rühren und kurz abkühlen lassen.

Eine Birnenscheibe mit der weniger schönen Seite in die flüssige Schokolade tauchen, sodass die ganze Seite bedeckt ist, dann mit der Schokoseite nach unten auf ein Backblech mit Backpapier legen. Mit den übrigen Scheiben ebenso verfahren. Die Schokolade fest werden lassen und servieren.

Für mich sind Orangettes „Männerkonfekt“ - vermutlich, weil mein Stiefvater sie besonders liebt; in seinem Weihnachtsstrumpf fehlt etwas, wenn nicht auch ein Päckchen Orangettes zwischen bunten Socken und einem guten Buch steckt. Diese kandierten Orangenschalen enthalten im Sirup einen Hauch von Weihnachtsgewürzen, was sie besonders macht. Aber experimentieren Sie mit Aromen - sie können zum Beispiel noch etwas frischen Ingwer dazugeben, wenn Sie möchten.

Orangettes

Ergibt 50 bis 60 Stück

3 unbehandelte Orangen
350 g Feinstzucker
1 Sternanis
½ Vanilleschote
6 Kardamomkapseln, zerstoßen
1 Zimtstange
½ TL rosa Pfeffer (Schinus)
200 g Zartbitterkuvertüre, gehackt
fein gehackte Pistazien und essbares Blattgold (nach Belieben)

Aufbewahrung
Orangettes sind luftdicht verpackt 2 bis 3 Wochen haltbar. Sie sollten nicht direkt in der Sonne stehen.

Mit einem kleinen, scharfen Küchenmesser die Schale jeder Orange bis zum Fruchtfleisch einschneiden; dabei die Orangenschale mit dem Messer in große Quadrate teilen. Vorsichtig diese Quadrate sauber abziehen und in 1 cm breite Streifen schneiden. Das Fruchtfleisch für ein anderes Rezept aufbewahren oder einfach aufessen und damit für einen Vitamin-C-Stoß sorgen.

Die Schalenstreifen in einen Topf geben, mit kaltem Wasser bedecken und zum Kochen bringen. 2 Minuten köcheln lassen, dann abgießen. Den Vorgang noch zweimal wiederholen (durch das Blanchieren wird die Orangenschale weich und verliert den bitteren Geschmack). Anschließend das Wasser abgießen und die Schalen, während Sie den Sirup zubereiten, beiseitestellen,

Den Zucker mit 350 ml Wasser in einen Topf mit schwerem Boden geben. Sternanis, Vanille, Kardamomkapseln, Zimtstange und rosa Pfeffer dazugeben und bei mittlerer Hitze unter gelegentlichem Rühren langsam den Zucker auflösen. Die Schale hineingeben und alles etwa 40 Minuten sanft und gleichmäßig köcheln lassen; gelegentlich umrühren, bis die Orangenschale weich und durchscheinend wird und der Sirup fast komplett eingekocht ist. Während der letzten 10 Minuten den Topf gut im Auge behalten, denn der Sirup wird nun sehr dickflüssig und brennt leicht an.

Mit einer Küchenzange die Orangenschalenstreifen einzeln aus dem Topf nehmen und in kleinen Abständen auf einen Bogen Backpapier legen. Über Nacht auf dem Backblech trocknen lassen. Wenn sie kandiert und nicht mehr klebrig sind, in einer luftdichten Box in Schichten zwischen Wachspapier aufbewahren.

Die Kuvertüre in einer feuerfesten Schüssel über einem Topf mit leicht köchelndem Wasser schmelzen; der Schüsselboden darf das Wasser nicht berühren. Glatt rühren, vom Herd nehmen und leicht abkühlen lassen. Jede Orangette an einem Ende in die flüssige Schokolade tauchen, mit Pistazien bestreuen (wenn Sie welche verwenden) und auf dem Backpapier trocknen lassen. Wenn die Schokolade trocken ist, einen Tick essbares Blattgold daraufgeben.

Fruchtgummi-Röllchen

Sie schmecken nicht nur ganz köstlich, sondern bieten auch eine ausgezeichnete Gelegenheit, um Obst aufzubrauchen, das schon sehr lange in der Obstschale liegt. Äpfel und Birnen eignen sich gut als Ausgangsbasis, auf der Sie andere Früchte dazumischen können, etwa Beeren, schwarze Johannisbeeren, Pfirsiche, Pflaumen, Aprikosen oder Mangos. Jede Variante ergibt 4 bis 6 Röllchen, je nachdem auf welche Länge Sie sie zuschneiden.

Apfel und Birne

- 2 reife Birnen, geschält, vom Kernhaus befreit und klein geschnitten
- 2 Äpfel, geschält, vom Kernhaus befreit und klein geschnitten
- frisch gepresster Saft von ½ Zitrone
- 1 bis 2 EL Agavendicksaft oder klarer Honig

Utensilien
Kuchenblech, 30 x 40 cm

Aufbewahrung
In einer luftdichten Box sind Fruchtgummi-Röllchen bis zu 1 Monat haltbar.

Den Backofen auf 110 °C vorheizen, das Blech mit Backpapier auslegen.

Das Obst im Standmixer pürieren. Zitronensaft und Agavendicksaft oder Honig zugeben und alles zu einem seidenweichen Püree verarbeiten. In einem Topf bei schwacher Hitze unter gelegentlichem Rühren köcheln, bis es um die Hälfte reduziert ist und die Konsistenz von lockerer Konfitüre hat. Abschmecken und nach Belieben etwas mehr Agavendicksaft oder Honig zugeben. Die Masse auf das Backpapier geben und mit einer gewinkelten Konditorpalette gleichmäßig und dünn glatt streichen.

Das Blech auf der mittleren Schiene in den Backofen schieben und die Masse etwa 3 Stunden backen, bis sie nicht mehr klebrig ist und sich vom Papier schälen lässt; nach der Hälfte der Zeit das Blech drehen, damit die Mischung wirklich gleichmäßig erhitzt wird. Herausnehmen und abkühlen lassen. Anschließend vorsichtig den Fruchtgummi vom Backpapier abziehen und in 4 bis 6 cm breite Streifen schneiden. Jeden Streifen auf einen Streifen frisches Back- oder Wachspapier von ähnlicher Breite legen, aufrollen und mit einem Bändchen oder Küchenzwirn zusammenbinden.

Apfel und Beeren

- 2 Äpfel, geschält und vom Kernhaus befreit
- 300 g Brombeeren oder Heidelbeeren
- 1 EL Zitronensaft
- 1 bis 2 EL Agavendicksaft oder klarer Honig

Den Backofen auf 110 °C vorheizen, das Blech mit Backpapier auslegen.

Die Äpfel in Stücke schneiden und im Standmixer mit den Beeren, Zitronensaft und Agavendicksaft oder Honig seidenweich pürieren. Das Püree durch ein Sieb in einen Topf passieren; die Kerne der Beeren entfernen. Bei schwacher bis mittlerer Hitze köcheln lassen, bis es um die Hälfte reduziert ist und in der Konsistenz einer lockeren Konfitüre ähnelt. Den Topf vom Herd nehmen, das Püree auf dem vorbereiteten Kuchenblech mit einer gewinkelten Konditorpalette zu einer dünnen, glatten Schicht streichen. Fortfahren, wie oben beschrieben.

Erdbeeren und Birne

- 300 g reife Erdbeeren (oder Erdbeeren und Himbeeren gemischt)
- 2 reife Birnen, geschält und vom Kernhaus befreit
- 1 EL Zitronensaft
- 1 bis 2 EL Agavendicksaft oder klarer Honig

Den Backofen auf 110 °C vorheizen, das Blech mit Backpapier auslegen.

Erdbeeren entstielen, putzen und halbieren, die Birnen klein schneiden und das Obst mit Zitronensaft und Agavendicksaft oder Honig seidenweich pürieren. Das Püree in einen Topf geben und fortfahren, wie oben beschrieben.

Wenn Sie jetzt etwas Gesünderes suchen als Trüffelpralinen, salzige Karamell- oder Nugatriegel, dann sind Sie hier genau richtig. Die folgenden Obst-Nuss-Kreationen sind tatsächlich gesünder, aber deshalb noch lange nicht weniger köstlich. Und selbst wenn nicht Reichtum, Glück und das Aussehen eines Supermodels winken, Sie werden nach dem Genuss dieser Leckerei ein wesentlich besseres Gewissen haben. Schmuggeln Sie die Honigbällchen in die Pausenbrot-Box oder servieren Sie sie nach dem Essen zu frisch gebrühtem Pfefferminztee.

Feigen-Pistazien-Honigbällchen

Ergibt etwa 20 bis 25 Stück

- 100 g geschälte, ungesalzene Pistazien
- 50 g blanchierte Mandeln
- 100 g Datteln (z. B. Medjool)
- 200 g verzehrfertige getrocknete Feigen
- 1 bis 2 TL fein abgeriebene unbehandelte Orangenschale
- 1 bis 2 TL Orangenblütenwasser oder Rosenwasser
- 2 EL aromatischer klarer Honig
- ½ TL Zimtpulver
- Kakaopulver zum Bestäuben (nach Belieben)

Aufbewahrung

Luftdicht verpackt sind die Honigbällchen im Kühlschrank bis zu 2 Wochen haltbar.

Pistazien und Mandeln in der Küchenmaschine oder mit einem Küchenmesser fein, aber nicht zu Pulver zerkleinern. In eine Schüssel geben und beiseitestellen.

Die Datteln entsteinen und von den Feigen die harten Stielansätze entfernen. Die Trockenfrüchte in grobe Stücke schneiden und im Standmixer fast glatt pürieren. Orangenschale, Orangenblüten- oder Rosenwasser, Honig und Zimt dazugeben und nochmals kurz mixen. Die Masse in die Schüssel zu den gehackten Nüssen geben und alles gründlich vermengen.

Mit den Händen kirschgroße Bällchen formen und auf einem mit Backpapier ausgelegten Backblech verteilen. Abdecken und im Kühlschrank fest werden lassen.

Vor dem Servieren nach Belieben in Kakaopulver wenden.

Karamellbonbons aller Art

Bonfire-Toffee

Vanille-Schokolade-Schnecken

Fudge mit Schokolade und eingelegtem Ingwer

Vanille-Fudge

Fudge mit hochprozentigen Kirschen

Ahornsirup-Pekannuss-Fudge

Kaffee-Mandel-Fudge

Ziegenmilch-Vanille-Karamell

Salziges Butterkaramell

Kokosmilch-Karamell

Karamell mit doppelter Schokolade

Dieses Kapitel sollte eigentlich den Untertitel „Heißer Zucker" haben, denn genau den haben alle folgenden Rezepte gemeinsam. Es gibt vieles, was ich an der Herstellung von Süßigkeiten liebe, aber das Aufregendste sind für mich die x-fachen Zubereitungsmöglichkeiten von ganz alltäglichen Zutaten, insbesondere Zucker. Das ist Küchenalchemie vom Feinsten. Es ist so erstaunlich, welche Vielfalt an Köstlichkeiten aus ein paar einfachen Zutaten gemacht werden können, wenn man nur ein klein wenig die Kochtechnik oder die Temperatur verändert. Zucker, Sahne, ein bisschen Vanille, ein Löffel Butter und ein paar andere Leckereien – schon hat man cremiges Fudge, knackiges Toffee oder weichen Karamell. Ich kenne wahrscheinlich niemanden, der salzigem Butterkaramell oder einem cremigen Stück Vanille-Fudge widerstehen kann, und der süße Duft von Karamell, der im Topf vor sich hinblubbert, kann es sicherlich mit frisch gebackenem Brot aufnehmen.

Als junge Köchin verbrachte ich viele Stunden in der Küche meiner Mutter auf der Suche nach dem perfekten Fudge. Meine Mutter ist eine sehr verständnisvolle und geduldige Frau, die mich immer wieder ermutigte, weiterzumachen. Aber nach vielen, vielen Pannen mit verbranntem Zucker, zu krümeligem oder zu weichem Fudge hatten wir gelernt, dass etwas ganz Entscheidendes fehlte: nämlich ein Zuckerthermometer. Heute käme ich nie mehr auf die Idee, irgendein „Heißer-Zucker"-Rezept ohne das treue Zuckerthermometer an meiner Seite (oder in meinem Topf) anzugehen.

Ein letztes Wort der Warnung noch: Kochend heißer Zucker kann gefährlich sein, lassen Sie daher bitte Vorsicht walten, wenn Sie in der Nähe von blubberndem Karamell, Fudge oder Toffee sind!

Bonfire-Toffee erinnert mich an meinen Großvater, der auf eine ganz bestimmte Toffee-Marke festgelegt war. An Feiertagen bekam er immer eine Schachtel davon geschenkt und verteilte seine Toffees mit Freude an jeden, der zufällig vorbeikam. Wir Kinder suchten uns immer die hellen, cremigen aus und ließen ihm die dunklen übrig, aber das schien ihm nicht das Geringste auszumachen. Und heute weiß ich auch, warum – dunkler Zuckerrübensirup gibt dem Toffee einen intensiven, leicht rauchigen Geschmack, der einfach weiser und geheimnisvoller ist als der seines cremigen Gegenstücks.

Bonfire-Toffee

Ergibt etwa 50 Ecken

neutrales Pflanzenöl zum Einfetten
125 g Butter, in Würfel geschnitten
200 g Feinstzucker
150 g dunkler Zuckerrübensirup oder Melasse
125 g heller Zuckerrübensirup
50 g Crème fraîche
¼ TL Weinstein
1 Prise Meersalzflocken

Utensilien

quadratisches Kuchenblech, 20 cm
Zuckerthermometer

Aufbewahrung

In einem Behälter lagenweise zwischen Backpapier geschichtet hält sich das Toffee bis zu 2 Wochen.

Den Boden und die Seiten des Kuchenblechs mit Öl einfetten und mit Backpapier auslegen.

Butter, Feinstzucker, dunklen und hellen Zuckerrübensirup, Crème fraîche und Weinstein in einen 2,5-Liter-Topf mit festem Boden geben. Meersalzflocken und 100 ml Wasser hinzufügen und bei mittlerer Hitze unter gelegentlichem Rühren die Butter schmelzen und den Zucker auflösen.

Sobald die Mischung eine geschmeidige, seidige Konsistenz hat, das Zuckerthermometer am Topfrand einhängen und die Mischung aufkochen. Etwa 20 Minuten gleichmäßig weiterköcheln lassen, bis eine Temperatur von 130 °C erreicht ist.

Vom Herd nehmen und den Topfboden in ein Becken mit kaltem Wasser tauchen, um den Kochvorgang zu verlangsamen. Die Mischung ein paar Mal durchrühren, anschließend auf das vorbereitete Kuchenblech gießen und glatt streichen.

Wenn Sie Ihr Toffee in gleich großen Vierecken haben möchten, drücken Sie mit einem Teigschaber oder einem Messer Rillen in das Toffee, solange es noch leicht warm ist. Sobald es vollständig abgekühlt und ausgehärtet ist, lässt es sich leicht in schöne Stücke teilen. Andernfalls lassen Sie das Toffee einfach an einem kühlen Ort aushärten und auskühlen und brechen es dann in Stücke. Ich genieße es, dieses Toffee in köstliche Scherben zu zertrümmern – wenn Sie zufällig einen kleinen Toffee-Hammer haben, umso besser; aber wenn nicht, leistet ein Nudelholz-Griff gleich gute Dienste – wenn vielleicht auch nicht ganz so elegant.

Hier bekommen Sie das Beste aus beiden Welten in einem einzigen Bissen. Vanille und Schokolade, zusammengerollt zu einem hübschen, raffinierten Päckchen. Der entscheidende Trick besteht darin, das Toffee dann aufzurollen, wenn es sich vom Papier löst und bevor es zu hart wird.

Vanille-Schokolade-Schnecken

Ergibt etwa 50 Stück

Für die Vanilleschicht
neutrales Pflanzenöl zum Einfetten
150 g Feinstzucker
100 g heller Muscovado-Zucker
100 g heller Zuckerrübensirup
75 g Butter
200 ml Crème double
½ TL Vanillepaste
1 Prise Meersalzflocken

Für die Glasur
40 g Zartbitterkuvertüre, gehackt
35 g Butter
75 g Feinstzucker
50 g heller Muscovado-Zucker
50 g heller Zuckerrübensirup
100 g Crème double
¼ TL Vanillepaste
1 Prise Meersalzflocken

Utensilien
Kuchenblech für Biskuitboden, 33 × 23 cm
Zuckerthermometer

Aufbewahrung
Luftdicht verpackt und an einem kühlen Ort aufbewahrt sind diese Karamell-Schnecken etwa 2 Wochen haltbar.

Das Kuchenblech leicht mit Öl einfetten und mit ebenfalls eingefettetem Backpapier auslegen.

Beginnen Sie mit der Vanilleschicht. Den Feinstzucker in einen mittleren Topf mit schwerem Boden geben und 2 EL Wasser zufügen. Den Zucker bei schwacher Hitze langsam auflösen. Zuckerkristalle, die sich am Topfrand bilden, mit einem sauberen, in heißes Wasser getauchten Backpinsel einrühren. Inzwischen die übrigen Zutaten in einen anderen Topf geben und bei schwacher Hitze die Butter schmelzen und den Zucker auflösen. Aufkochen, glatt rühren und vom Herd nehmen.

Sobald der Feinstzucker vollständig aufgelöst ist, die Temperatur leicht erhöhen und den Sirup aufkochen. Köcheln lassen, bis er honigfarben wird – dies dauert bei mittlerer Hitze nur 2 bis 3 Minuten. Den Topf vom Herd nehmen und die heiße Crème-Mischung ganz vorsichtig zugeben. Achtung, dabei zischt und sprudelt der Karamell. Glatt rühren, das Zuckerthermometer am Topfrand einhängen und die Temperatur wieder auf mittlere Hitze erhöhen. Köcheln lassen, bis das Toffee 121 °C auf dem Zuckerthermometer erreicht; dabei gelegentlich rühren, damit sich nichts am Topfboden absetzt. Schnell durchrühren, in das vorbereitete Kuchenblech gießen und mit einer Konditorpalette glatt streichen. 15 Minuten abkühlen lassen und die Schokoladenglasur zubereiten.

Alle Zutaten für die Glasur in einen kleinen Topf mit schwerem Boden geben. Bei schwacher Hitze die Kuvertüre und die Butter schmelzen und den Zucker auflösen. Sobald die Mischung seidig weich ist, das Zuckerthermometer am Topfrand einhängen und bei mittlerer Hitze aufkochen. Köcheln lassen, bis 115 °C erreicht sind. Den Topf vom Herd nehmen, kurz umrühren und die Schokoladenmischung gleichmäßig auf die Vanilleschicht gießen. Mit einer Konditorpalette glatt streichen. Etwa 1 Stunde abkühlen lassen, bis die Masse kalt und fest, aber nicht hart ist. Sie kann aufgerollt werden, wenn die Konditorpalette zwischen dem Toffee und dem Backpapier hindurchgleitet.

Mit einem eingefetteten oder angewärmten Küchenmesser die Seitenränder des Toffees abschneiden und die Fläche in zwei Rechtecke von je etwa 16 × 21 cm halbieren, dabei auch das Backpapier durchschneiden. Von einer 21 cm langen Seite her den Rand sauber und eng nach innen umschlagen. Dann nach und nach wie eine Spirale aufrollen, dabei das Toffee immer leicht anheben. Eng in einen sauberen Bogen Backpapier wickeln und auf der Arbeitsfläche sachte hin- und herrollen, um Hohlräume und Unebenheiten auszugleichen. Die Backpapierenden verdrehen, um das Päckchen zu verschließen. Das Gleiche mit dem zweiten Rechteck wiederholen. Die eingewickelten Rollen mindestens 4 Stunden oder über Nacht aushärten lassen, dann in 1 cm breite Stücke schneiden. Die Schnecken einzeln in Backpapier, Wachspapier oder Zellophan einpacken.

CLOTTED CREAM
½lb NET

Wie jedes Fudge beginnt auch dieses seine Existenz als helle, cremefarbene Mischung. Erst durch das Kochen und Reduzieren bekommt es eine satte Karamellfarbe und erfüllt die ganze Küche mit seinem süßen, sahnigen und ureigenen Fudge-Duft. Normalerweise verwende ich für meine Süßigkeiten eine qualitativ hochwertige Kuvertüre mit einem mittleren bis hohen Kakaoanteil um die 64%; aber für dieses Rezept werden Sie wohl etwas noch Intensiveres brauchen – ich würde 70% nehmen, für einen vollen Schokoladen-Schub. (Abbildung auf Seite 111)

Fudge mit Schokolade und eingelegtem Ingwer

Ergibt etwa 50 Stück

neutrales Pflanzenöl zum Einfetten
500 g Feinstzucker
170 ml ungesüßte Kondensmilch
125 ml Vollmilch
75 ml Crème double
1 Prise Meersalzflocken
1 TL Vanilleextrakt oder ½ TL Vanillepaste
100 g Zartbitterkuvertüre
75 g in Sirup eingelegter und abgetropfter Ingwer
50 g Butter
2 TL Kakao

Utensilien

quadratisches Kuchenblech, 17 bis 18 cm
Zuckerthermometer

Aufbewahrung

Lagenweise zwischen Backpapier oder Wachspapier geschichtet und luftdicht verpackt ist dieses Fudge bis zu 2 Wochen haltbar.

Das Kuchenblech mit Öl einfetten und mit Backpapier auslegen.

Feinstzucker, Kondensmilch, Vollmilch, Crème double und Salz in einen großen Topf (mindestens 2,5 Liter) mit festem Boden geben und den Zucker bei schwacher bis mittlerer Hitze auflösen. Sobald die Mischung geschmeidig ist, das Zuckerthermometer am Topfrand einhängen und aufkochen. Am Anfang bläht sich die Mischung durch das Kochen gewaltig auf – daher wird ein großer Topf benötigt. Die Hitze reduzieren unter ständigem Rühren mit einem hitzebeständigen Teigschaber. Weiterköcheln lassen, bis das Fudge 112 °C auf dem Zuckerthermometer erreicht.

Während die Fudge-Mischung köchelt, die Kuvertüre hacken, den eingelegten Ingwer fein hacken, die Butter in Würfel schneiden und den Kakao sieben.

Den Topf vom Herd nehmen, Vanille, Kuvertüre, Ingwer, Butter und Kakao zugeben und leicht verrühren. Das Fudge in eine Schüssel füllen und zum Abkühlen 3 Minuten beiseitestellen. Das abgekühlte Fudge mit einem Teigschaber oder Holzlöffel aufschlagen, bis es eindickt und langsam seinen schimmernden Glanz verliert (dies dauert nicht so lange wie bei normalem Fudge – etwa 1 Minute). Auf das vorbereitete Kuchenblech füllen, glatt streichen und vollständig auskühlen und verfestigen lassen, dann erst in Stücke schneiden und servieren.

Meine Mutter und ich mögen in der Regel die gleichen Dinge – wir haben beide eine Schwäche für Süßes und ich schiebe die Schuld für meine Liebe zu Bonbons und Schokolade auf sie. Aber wenn es um Fudge geht, bin ich im Zweifel auf der cremigen Seite, während meine Mutter Fudge mit ein bisschen mehr Konsistenz, ein bisschen mehr Biss mag. Dieses Rezept ist für sie. (Abbildung auf Seite 111)

Vanille-Fudge

Ergibt etwa 50 Stück

neutrales Pflanzenöl zum Einfetten
400 g gezuckerte Kondensmilch
150 ml Vollmilch
225 g Demerara-Zucker oder heller Farinzucker
225 g Feinstzucker
1 Prise Meersalzflocken
100 g Butter
1 TL Vanillepaste

Utensilien

quadratisches Kuchenblech, 20 cm
Zuckerthermometer

Aufbewahrung

Lagenweise zwischen Backpapier oder Wachspapier geschichtet und luftdicht verpackt ist dieses Fudge bis zu 2 Wochen haltbar.

Das Kuchenblech mit Öl einfetten und mit Backpapier auslegen.

Alle Zutaten bis auf die Butter und die Vanille in einen 2,5-Liter-Topf geben und bei schwacher Hitze den Zucker unter ständigem Rühren auflösen. Sobald die Mischung geschmeidig ist, die Temperatur leicht erhöhen und aufkochen; dabei rühren, damit sich nichts am Topfboden absetzt. Das Zuckerthermometer am Topfrand einhängen, die Hitze reduzieren. Unter ständigem Rühren köcheln lassen, bis eine Temperatur von 114 bis 116 °C erreicht ist.

Den Topf vom Herd nehmen, sobald das Fudge die gewünschte Temperatur erreicht hat. In eine große Rührschüssel füllen, Butter und Vanille dazugeben, zwei- oder dreimal umrühren, damit die Zutaten sich verbinden und 5 bis 7 Minuten abkühlen lassen, dabei nicht mehr rühren.

Das Fudge mit einem Teigschaber oder Holzlöffel aufschlagen, bis es eindickt, seinen Glanz verliert und körnig wird. In die vorbereitete Backform füllen, glatt streichen und vollständig auskühlen lassen. In Stücke schneiden und servieren.

Ich finde die Kombination von Rum und Rosinen zwar lecker, aber ein bisschen aus der Mode gekommen; sie erinnert mich an die Siebziger. Deshalb tanzt das Trockenfrüchte-Alkohol-Duo jetzt einen modernen Twist: Weiche, getrocknete Kirschen – meine absoluten Favoriten – baden in Kirschbrand und Vanille. Aber wenn Sie die andere Variante lieber mögen, nehmen Sie einfach die gleiche Menge Rosinen und tränken sie in Rum.

Fudge mit hochprozentigen Kirschen

Ergibt etwa 50 Stück

neutrales Pflanzenöl zum Einfetten
100 g getrocknete Kirschen
3 bis 4 EL Kirschbrand
½ Vanilleschote
450 g Feinstzucker
50 g heller Zuckerrübensirup
2 EL flüssige Glukose
170 ml ungesüßte Kondensmilch
170 ml Vollmilch
50 g Butter
1 Prise Salz

Utensilien

quadratisches Kuchenblech, 18 cm
Zuckerthermometer

Aufbewahrung

Lagenweise zwischen Backpapier oder Wachspapier geschichtet und luftdicht verpackt ist dieses Fudge bis zu 2 Wochen haltbar.

Den Boden und die Seitenwände des Kuchenblechs mit Öl einfetten und mit Backpapier auslegen.

Die Kirschen in einen kleinen Topf geben und den Kirschbrand zufügen. Die Vanilleschote aufschneiden, sodass das Mark frei liegt und zu den Kirschen geben. Den Kirschbrand bei schwacher Hitze erwärmen, aber nicht kochen. Vom Herd nehmen und abkühlen lassen, dabei gelegentlich umrühren, damit die Kirschen den ganzen mit Vanille aromatisierten Kirschbrand aufsaugen.

Das Spülbecken halb mit Wasser füllen.

Für das Fudge die restlichen Zutaten und die mit Kirschbrand getränkte Vanilleschote in einen großen Topf geben (am besten einen mit einer Füllmenge von etwa 2,5 Litern) und bei schwacher Hitze die Butter schmelzen und den Zucker auflösen.

Das Zuckerthermometer am Topfrand einhängen und die Mischung aufkochen – in dieser Phase ist sie noch satt cremefarben, aber sobald die gewünschte Temperatur erreicht ist, bekommt sie einen kräftigen Karamellton. Unter ständigem Rühren bei schwacher bis mittlerer Hitze köcheln lassen, bis das Zuckerthermometer 114 °C anzeigt. Den Topf vom Herd nehmen und den Topfboden 20 Sekunden in das Wasser im Spülbecken tauchen, um den Kochvorgang zu stoppen.

Die Vanilleschote mit einer Zange oder Gabel aus dem Topf nehmen und das Fudge auf einer hitzebeständigen Abstellfläche 3 bis 4 Minuten abkühlen lassen; dabei verliert es langsam seinen Oberflächenglanz. Das abgekühlte Fudge etwa 3 Minuten mit einem Teigschaber aufschlagen, bis es eindickt und körnig wird. Die getränkten Kirschen zugeben, untermischen und in einer gleichmäßigen Schicht in die vorbereitete Backform füllen. Vollständig auskühlen lassen, dann mit Frischhaltefolie abdecken und über Nacht stehen lassen. In Stücke schneiden und servieren.

Ich liebe den leicht rauchigen Karamellgeschmack, den der Ahornsirup diesem wunderbaren Fudge verleiht und es dadurch in ganz neue Sphären der Köstlichkeit hebt. Ich habe mir erlaubt, einen Spritzer Bourbon-Whiskey dazuzugeben, der das Ganze noch fabelhafter macht. Mir schmeckt Fudge am besten, wenn es cremig ist; sollten Sie es lieber ein bisschen körniger mögen, dann müssen Sie etwas härter arbeiten: Schlagen Sie die abgekühlte Fudge länger und stärker, um das gewünschte Ergebnis zu erzielen. Dieses Rezept ergibt genügend Fudge für zwei Geschenkschachteln – vorausgesetzt, Sie haben nicht vor, die ganze Ausbeute allein zu verzehren.

Ahornsirup-Pekannuss-Fudge

Ergibt etwa 40 Stück

neutrales Pflanzenöl zum Einfetten
150 g Feinstzucker
300 g Ahornsirup
2 EL heller Zuckerrübensirup
150 ml Crème double
75 ml Vollmilch
2 EL Bourbon-Whiskey oder Jack Daniel's
1 TL Vanilleextrakt
½ TL Meersalz
25 g Butter
100 g Pekannüsse, geröstet und grob gehackt

Utensilien

Brotbackform, 30 cm lang, oder quadratische Backform, 17 cm
Zuckerthermometer

Aufbewahrung

Lagenweise zwischen Wachspapier oder Backpapier geschichtet und luftdicht verpackt ist das Fudge bis zu 2 Wochen haltbar.

Den Boden und die Seitenflächen der Backform mit Öl einfetten und mit Backpapier auslegen. Das Spülbecken zur Hälfte mit kaltem Wasser füllen.

Alle Zutaten außer der Butter und den Pekannüssen in einem großen Topf (2,5 Liter Fassungsvermögen) mit schwerem Boden gut vermengen. Bei mittlerer Hitze unter häufigem Rühren den Zucker auflösen.

Das Zuckerthermometer am Topfrand einhängen, den Sirup aufkochen und gleichmäßig weiterköcheln lassen, bis er eine Temperatur von 114 °C erreicht; dabei häufig umrüren, damit er nicht am Topfboden anbrennt. (Es dauert etwa 15 Minuten, bis der Sirup die gewünschte Temperatur erreicht, aber lassen Sie sich nicht dazu verleiten, rauszugehen – in dem Moment, in dem Sie sich umdrehen, um etwas anderes zu tun, wird der Sirup die 114 °C überschreiten und Sie haben am Ende Toffee und nicht Fudge.)

Den Topf vom Herd nehmen, das Zuckerthermometer entfernen und den Topfboden in das Wasser im Spülbecken tauchen, um den Kochvorgang zu stoppen. Die Butter dazugeben, umrühren und die Mischung in eine große Rührschüssel löffeln. Etwa 15 bis 20 Minuten beiseitestellen und bei Zimmertemperatur abkühlen lassen; widerstehen Sie der Versuchung, umzurühren oder zu kosten.

Mit einem Holzlöffel oder Teigschaber das Fudge 3 bis 4 Minuten aufschlagen, bis es eindickt, nicht mehr glänzt und leicht körnig wird. Drei Viertel der gehackten Pekannüsse hineingeben, das Fudge in die vorbereitete Backform löffeln und mit einer Konditorpalette glatt streichen. Die übrigen Nüsse darüberstreuen und in die Masse drücken.

Vollständig abkühlen lassen, mit Frischhaltefolie abdecken und über Nacht ruhen lassen. Am nächsten Tag in Würfel schneiden.

Ich liebe dieses üppige Fudge mit seinem karamelligen Röstaroma und dem raffinierten Kaffee-Touch. Wenn Sie irgendwo guten Kaffeeextrakt auftreiben, können Sie den statt des Instant-Espressos verwenden. Der Geschmacksintensität von Extrakten variiert je nach Marke, tasten Sie sich also langsam an die richtige Dosierung heran. Die Kuvertüre dient hier nur dazu, dem Kaffee zusätzlichen Pfiff zu verleihen, und will kein Statement in eigener Sache abgeben.

Kaffee-Mandel-Fudge

Ergibt etwa 50 Stück

neutrales Pflanzenöl zum Einfetten
400 g Feinstzucker
100 g Demerara-Zucker
75 g heller Zuckerrübensirup
170 ml ungesüßte Kondensmilch
170 ml Vollmilch
1 Zimtstange
1 Prise Salz
3 bis 4 TL Instant-Espressopulver
25 g Zartbitterkuvertüre
50 g Butter
75 g blanchierte Mandeln, gehackt und geröstet

Utensilien
quadratisches Kuchenblech, 17 cm
Zuckerthermometer

Aufbewahrung
Lagenweise zwischen Wachspapier oder Backpapier geschichtet und luftdicht verpackt ist das Fudge bis zu 1 Wochen haltbar.

Das Blech mit Öl einfetten und mit Backpapier auslegen.

Beide Zuckersorten, Zuckerrübensirup, Kondensmilch, Vollmilch, Zimtstange und Salz in einen mittelgroßen Topf geben und bei schwacher Hitze den Zucker auflösen. Die Masse glatt rühren und erhitzen, bis sie leicht köchelt, aber nicht aufkocht.

Das Zuckerthermometer am Topfrand einhängen und die Mischung aufkochen. Gleichmäßig weiterköcheln und gelegentlich mit einem hitzebeständigen Teigschaber umrühren, bis die Mischung eine Temperatur von 114 °C erreicht. Die Zimtstange mit einer Küchenzange oder einer Gabel entfernen.

Das Espressopulver in 1 bis 2 EL kochendem Wasser auflösen, die Kuvertüre fein hacken und die Butter in Würfel schneiden, alles zur heißen Fudge-Masse geben, glatt rühren und den Topf wieder auf den Herd stellen. Das Fudge wieder auf 112 bis 114 °C erhitzen, anschließend sofort von der Hitze nehmen und in eine große Rührschüssel geben. 5 Minuten unberührt abkühlen lassen.

Mit einem Teigschaber aus Kunststoff oder einem Holzlöffel das Fudge verrühren, bis es eindickt und nicht mehr glänzt. Die Mandeln einrühren, alles auf das vorbereitete Blech löffeln und mit einer Konditorpalette glatt streichen. Vollständig abkühlen lassen, mit Frischhaltefolie abdecken und über Nacht ruhen lassen. Am nächsten Tag in Würfel schneiden.

Seit ich in Brooklyn, New York, in einem Feinkostladen auf eine Ziegenmilch-Vanille-Karamellsauce gestoßen war, ließ mich der Gedanke nicht mehr los, diese Kombination auch selbst zu kreieren – aber in Form eines Konfekts. Ziegenmilch kann einen recht eigenwilligen Geschmack haben, doch wenn man sie einkocht, wird sie milder und schmeckt köstlich cremig. Falls Sie noch nie Ziegenmilch probiert haben, sind Sie bestimmt positiv überrascht. Ich lasse gern die Menschen raten, welche geheime Zutat in diesen Karamellbonbons steckt – bisher hat niemand richtig getippt, aber alle waren begeistert vom Geschmack. In Mexiko stellt man aus Ziegenmilch Cajeta her, eine üppige Karamellcreme, die dem argentinischen Dulce de Leche ähnelt (der aber aus Kuhmilch ist).

Ziegenmilch-Vanille-Karamell

Ergibt etwa 40 Stück

- neutrales Pflanzenöl zum Einfetten
- 500 ml Ziegenmilch (Vollmilch)
- ¼ TL Natron
- 250 g Feinstzucker
- 100 g heller Muscovado-Zucker oder heller Farinzucker
- 100 g heller Zuckerrübensirup
- 50 g Butter
- Mark von ½ Vanilleschote oder 1 TL Vanillepaste
- ½ TL Meersalzflocken

Utensilien

- quadratisches Kuchenblech, 17 cm
- Zuckerthermometer

Aufbewahrung

Luftdicht verpackt hält sich der Karamell an einem kühlen Ort etwa 1 Woche.

Boden und Seitenwände des Kuchenblechs mit Öl einfetten und mit Backpapier auslegen.

Ziegenmilch und Natron in einen 2-Liter-Topf mit schwerem Boden geben und mit einem Schneebesen gut verrühren. Bei mittlerer Hitze aufkochen und anschließend bei schwacher Hitze leicht weiterköcheln lassen, bis die Milch auf 300 bis 350 ml reduziert ist (das kann bis zu 30 Minuten dauern). Behalten Sie sie im Auge, damit sie nicht überkocht; gegebenenfalls den Topf zeitweise vom Herd nehmen und umrühren, um die Temperatur zu senken, dann fortfahren. Wenn die Milch reduziert ist, nimmt sie eine sehr helle, wässrige Farbe an, wie Tee mit Milch. In einen Krug schütten und den Topf auswaschen.

Die reduzierte Milch zurück in den sauberen Topf schütten und die übrigen Zutaten außer dem Salz dazugeben. Bei schwacher Hitze unter Rühren köcheln lassen, bis sich der Zucker aufgelöst hat, die Butter geschmolzen ist und die Mischung samtweich ist. Das Zuckerthermometer am Topfrand einhängen und die Mischung aufkochen. Bei gleichmäßiger mittlerer Hitze unter gelegentlichem Rühren mit einem hitzebeständigen Teigschaber weiterköcheln lassen, bis sie eine Temperatur von 121 °C erreicht. Wenn Sie den Eindruck haben, die Temperatur wird bestimmt niemals über 115 °C hinauskommen, verlieren Sie nicht die Geduld und vor allem, laufen Sie nicht weg – Karamell hat die Eigenart, sich genau in dem Moment besonders stark zu erhitzen, in dem Sie ihm den Rücken zudrehen.

Den Topf vom Herd nehmen und mit einer Küchenzange oder einer Gabel (nicht mit Ihren Fingern) die Vanilleschote entfernen. Salz dazugeben und mit einem Teigschaber oder einem Holzlöffel kurz verrühren. Den Karamell in das vorbereitete Kuchenblech gießen und mindestens 4 Stunden abkühlen lassen.

Mit einem heißen, sauberen Messer die Karamellmasse in mundgerechte Stücke schneiden und jedes in ein Stück Wachspapier oder Zellophan wickeln.

Dieser leckere Karamell ist der Ausgangspunkt für eine ganze Welt voller Abenteuer. So, wie er ist – in Würfel geschnitten und in Papier oder Zellophan verpackt –, ist er bereits umwerfend, aber wenn Sie noch geräuchertes Meersalz ergattern können und das Rezept damit verfeinern, werden Sie ein ganz besonderes Geschmackserlebnis haben. Sie können auch jeden Karamellwürfel mit Zartbitter- oder Vollmilchschokolade überziehen oder den Karamell in Stäbchen schneiden und die untere Hälfte zuerst in flüssige Kuvertüre tauchen, dann in Nüssen oder Kokosraspeln wenden …

Salziger Butterkaramell

Ergibt etwa 40 Stück

neutrales Pflanzenöl zum Einfetten
150 g heller Muscovado-Zucker
125 g heller Zuckerrübensirup
100 g Butter, in Würfel geschnitten
250 ml Crème double
150 g Feinstzucker
½ TL Meersalzflocken oder geräuchertes Meesalz (oder anderes Rauchsalz)
½ TL Vanillepaste

Utensilien
quadratisches Kuchenblech, 17 cm
Zuckerthermometer

Aufbewahrung
In einem luftdichten Behälter oder einem Vorratsglas hält sich das Karamell, in Zellophan oder Backpapier eingeschlagen, bis zu 2 Wochen.

Boden und Seitenwände des Kuchenblechs mit Öl einfetten und mit Backpapier auslegen.

Muscovado-Zucker, Zuckerrübensirup, Butter und Crème double in einen kleinen Topf geben und bei sehr schwacher Hitze den Zucker auflösen und die Butter schmelzen. Glatt rühren und von Herd nehmen, sobald die Mischung heiß ist.

Den Feinstzucker mit 2 EL Wasser in einen 2-Liter-Topf geben und bei schwacher Hitze auflösen. Nicht umrühren, sondern den Topf leicht schwenken, damit der Zucker gleichmäßig flüssig wird; Zuckerkristalle, die sich an Topfrand bilden, mit einem sauberen, in heißes Wasser getauchten Backpinsel einrühren. Den Sirup aufkochen und gleichmäßig weiterköcheln lassen, bis er zu bernsteinfarbenem Karamell wird; zwischendurch den Topf schwenken, damit der Sirup gleichmäßig karamellisiert.

Den Topf vom Herd nehmen und die heiße Sahnemischung langsam zum Karamell gießen; dabei wird es spritzen und zischen, lassen Sie daher Vorsicht walten! Glatt rühren und bei mittlerer Hitze weiterköcheln lassen. Das Zuckerthermometer am Topfrand einhängen und den Karamell bei gleichmäßig schwacher bis mittlerer Hitze weiterköcheln lassen, bis er eine Temperatur von 121 °C erreicht. Nun zügig den Topf vom Herd nehmen, Salz und Vanille zugeben und kurz einrühren. Die heiße Karamellmasse in das vorbereitete Blech gießen und (mindestens 4 Stunden oder über Nacht) vollständig abkühlen und fest werden lassen. Anschließend mit einem heißen oder leicht eingefetteten Küchenmesser in Stücke schneiden.

Sie wissen ja schon, dass ich Ihnen gern Varianten anbiete, wenn das möglich ist, und dieses Rezept ist wieder so eine Gelegenheit. Erstens: Wenn Sie vegane Karamellbonbons möchten, lassen Sie einfach die Butter weg. Zweitens: Nachdem Sie den Karamell in Stäbchen geschnitten haben, können Sie die Unterseiten noch in geschmolzene Kuvertüre tauchen, bevor Sie sie trocknen lassen und servieren. Ein einziges Wort: Wow!

Kokosmilch-Karamell

Ergibt etwa 40 Stück

neutrales Pflanzenöl zum Einfetten
400 ml Kokosmilch
10-cm-Stück frischer Ingwer, geschält und in dünne Scheiben geschnitten
6 Kardamomkapseln, zerstoßen
2 Sternanis
1 lange Zimtstange
150 g heller Farinzucker
75 g heller Zuckerrübensirup
50 g Butter
1 TL Vanilleextrakt
1 Prise Salz
225 g Feinstzucker
2 EL ungesüßte Kokosraspel
50 g Kuvertüre (nach Belieben) – ich nehme am liebsten halb Zartbitter- und halb Vollmilchkuvertüre

Utensilien

quadratisches Kuchenblech, 17 cm
Zuckerthermometer

Aufbewahrung

Karamell isst man am besten innerhalb von 1 Woche, aber luftdicht verpackt ist er auch länger haltbar.

Boden und Seitenwände des Kuchenblechs mit Öl einfetten und mit Backpapier auslegen.

Kokosmilch mit Ingwer, Kardamomkapseln, Sternanis und Zimtstange in einen kleinen Topf geben. Bei schwacher Hitze etwa 4 bis 5 Minuten warm werden lassen und die Milch mit den Gewürzen durchziehen lassen – aber nicht aufkochen. Farinzucker, Zuckerrübensirup, Butter, Vanillextrakt und Salz dazugeben. Sobald die Butter zerlaufen ist und sich der Zucker aufgelöst hat, vom Herd nehmen und warm halten.

Den Feinstzucker mit 2 EL Wasser in einen großen Topf (2,5 Liter Fassungsvermögen) geben und bei geringer Hitze ohne Rühren auflösen; Zuckerkristalle, die sich an Topfrand bilden, mit einem sauberen, in heißes Wasser getauchten Backpinsel einrühren. Den Sirup aufkochen und gleichmäßig weiterköcheln lassen, bis er zu hellem Karamell wird; zwischendurch den Topf leicht schwenken, damit der Sirup gleichmäßig karamellisiert. Jetzt muss es schnell gehen: Die Kokosmilch erneut erhitzen, bis sie leicht köchelt, aber nicht aufkocht. Gleichzeitig den Karamell einkochen, bis er die Farbe von Ahornsirup annimmt – das sollte nur 30 Sekunden bis 1 Minute dauern. Den Topf vom Herd nehmen und langsam, gleichmäßig und umsichtig die Kokosmilch-Mischung zum Karamell gießen. Es wird zischen und spritzen, daher ist Vorsicht geboten!

Den Topf wieder auf den Herd stellen, die Mischung glatt rühren und hart gewordenen Karamell wieder schmelzen. Das Zuckerthermometer am Topfrand einhängen und den Karamell erneut aufkochen. Bei gleichmäßiger, mittlerer Hitze und unter häufigem Rühren mit einem hitzebeständigen Teigschaber weiterköcheln lassen, bis der Karamell eine Temperatur von 118 bis 120 °C erreicht; das dauert 20 bis 30 Minuten – verzweifeln Sie nicht, wenn es Ihnen länger vorkommt als sonst. Den Topf vom Herd nehmen, den Karamell zügig glatt rühren und in das vorbereitete Kuchenblech gießen.

Die Kokosraspel in einer Pfanne ohne Fett bei niedriger Hitze anrösten. Gleichmäßig über den Karamell streuen und mindestens 4 Stunden, am besten über Nacht, kalt und fest werden lassen.

Den Karamell vom Blech heben und mit einem heißen oder leicht gefetteten Küchenmesser in 5 x 1 cm große Stäbchen schneiden. An dieser Stelle könnten Sie die Unterseite jedes Stäbchen in flüssige Kuvertüre tauchen und auf Backpapier trocknen lassen. Schließlich jedes Karamellbonbon in sauberes Backpapier einschlagen.

Hier bekommen die Karamellbonbons eine doppelte Dosis Schokolade ab. Unter einer knusprigen Schokohülle lauert ein kleiner Würfel üppiger, etwas salziger Karamell mit gerade genug Schokolade, dass man sie herausschmeckt, aber nicht so viel, um einen zu erschlagen. Es ist eine echte Herausforderung, nur einen davon zu essen!

Karamell mit doppelter Schokolade

Ergibt 40 bis 50 Stück

neutrales Pflanzenöl zum Einfetten
150 g Feinstzucker
150 g heller Muscovado-Zucker
3 EL heller Zuckerrübensirup
50 g Butter
200 ml Crème double
75 g Zartbitterkuvertüre (64 % Kakaoanteil), fein gehackt
1 Prise Meersalzflocken
½ TL Vanillepaste

Für die Glasur

300 g Zartbitterkuvertüre (64 % Kakaoanteil), fein gehackt
winzige Schokoperlen (oder Schokostreusel) zum Dekorieren

Utensilien

quadratisches Kuchenblech, 17 cm
Zuckerthermometer

Aufbewahrung

Dieser Karamell hält sich luftdicht verpackt 2 Wochen.

Boden und Seitenwände des Kuchenblechs mit Öl einfetten und mit Backpapier auslegen.

Feinstzucker, Muscovado-Zucker, Zuckerrübensirup, Butter, Crème double und Kuvertüre in einen kleinen Topf geben, das Salz hinzufügen und bei schwacher bis mittlerer Hitze den Zucker auflösen und Butter und Kuvertüre schmelzen; dabei gelegentlich umrühren.

Wenn eine glatte Masse entstanden ist, das Zuckerthermometer am Topfrand einhängen und alles aufkochen. Die Mischung bei gleichmäßiger mittlerer Hitze weiterköcheln lassen, bis sie eine Temperatur von 118 °C erreicht. Vom Herd nehmen, die Vanille dazugeben und ein- oder zweimal einrühren, damit alles vermengt ist. Den Karamell ins vorbereitete Blech gießen; falls nötig mit einer Konditorpalette glatt streichen und vollständig abkühlen lassen. Anschließend mit Frischhaltefolie abdecken und einige Stunden, am besten über Nacht, fest werden lassen.

Die Kuvertüre für die Glasur schmelzen oder entsprechend der Anleitung auf Seite 24 temperieren.

Die Karamellmasse aus dem Kuchenblech auf frisches Backpapier stürzen und die Frischhaltefolie abziehen. Die Ränder des Karamellblocks mit einem heißen Küchenmesser glatt schneiden, den Karamell in saubere, 2 cm große Würfel schneiden.

Mit einer Pralinengabel den ersten Karamellwürfel in die warme flüssige Kuvertüre tauchen und vollständig darin wenden. Herausnehmen, die Gabel leicht gegen die Schüssel klopfen, damit überschüssige Kuvertüre wieder in die Schüssel tropft. Den Karamell auf frisches Backpapier legen und mit den Schokoperlen bestreuen. Mit den übrigen Karamellwürfeln ebenso verfahren.

Die schokoüberzogenen Karamellbonbons mindestens 1 Stunde an einem kühlen Ort fest werden lassen. Erst dann in Schachteln verpacken.

Nugat, Nüsse & Honeycomb

In diesem Kapitel geht es hauptsächlich um Nüsse. Nüsse und Zucker. Nüsse gehören zu den meistverwendeten Zutaten in meiner Süßigkeiten-Küche, sie passen perfekt zu Karamell, Schokolade und Nugat. Ich habe immer eine schöne Auswahl auf Vorrat, wie z.B. ganze, blanchierte Mandeln, Haselnüsse, Pekannüsse, Cashewkerne und Erdnüsse. So kann ich ganz einfach und auf die Schnelle einen Schwung Krokant oder Nugat zubereiten, wann immer es mir in den Sinn kommt oder Bedarf besteht.

Fast alle Rezepte in diesem Kapitel eignen sich ideal als Geschenk. Für ein geschmackvolles und leckeres Feiertagsgeschenk schneiden Sie Nugat in Riegel oder Vierecke und verpacken sie in durchsichtiges Zellophan oder eine Tüte aus Wachspapier, die Sie mit einer Schleife zubinden und mit einem hübschen Anhänger versehen. Oder Sie könnten kleine Marmeladengläser mit kandierten Mandeln füllen und haben ein wunderbares Geschenk für Hochzeits- oder Partygäste.

Gesalzenes Karamellpopcorn gehört zu den Süßigkeiten, die im Handumdrehen zubereitet sind, und man hat immer das Gefühl, dass es nach weniger als der Hälfte der Zeit, die man für die Herstellung benötigt hat, schon wieder weg ist. Ich kann kaum an einer Schüssel vorbeigehen, ohne eine Handvoll zu stibitzen.

Es gibt viele verschiedene Arten von Nugat, von leicht, zart, fluffig und mit Kuvertüre glasiert bis hin zu hart, klebrig, mit Nüssen, Trockenfrüchten, Oblaten oder Reispapier verfeinert. Sie finden sie alle und noch mehr in diesem Kapitel. Nugat macht man am besten einen Tag, bevor er serviert werden soll – er ist dann nicht nur einfacher zu schneiden, auch der Geschmack ist nach 24 Stunden noch besser ...

Honeycomb („Honigwabe") ist eine typisch englische Leckerei mit einer besonderen Struktur: Es ist fest und von Luftbläschen durchzogen, daher sein Name. Sein honigsüßer Kern versetzt garantiert jeden Zahnarzt in Angst und Schrecken. Honeycomb ist der Erzfeind, der Voldemort der Konfekte auf Zuckerbasis. Ich verbinde damit Erinnerungen an Besuche auf dem Rummelplatz: helle Lichter, bemalte, goldene Pferde in den Karussells und Süßwarenstände mit großen Tüten voller Honeycomb und Zuckerwatte auf Holzstäben. Bei diesem Rezept habe ich eine kleine Menge Malzmilchpulver zugegeben und jedes Stück mit Kuvertüre glasiert, aber wenn Sie die Stücke lieber so lassen möchten, wie sie sind, ist es genauso gut.

Honeycomb mit Malz

Ergibt etwa 30 Stück

- neutrales Pflanzenöl zum Einfetten
- 2 TL Natron
- 350 g Feinstzucker
- 75 g heller Zuckerrübensirup
- 75 g klarer Honig
- 1 TL Weißweinessig
- 1 Prise Salz
- 1 EL Malzmilchpulver (oder Ovomaltine)
- 200 g Vollmilchkuvertüre, gehackt

Das Kuchenblech leicht mit Öl einfetten, den Boden und die Seitenflächen mit Backpapier auslegen. Das Spülbecken halb mit kaltem Wasser füllen. Natron in eine kleine Schüssel sieben und einen Schneebesen sowie einen Teigschaber bereitlegen.

Feinstzucker, Zuckerrübensirup, Honig, Weißweinessig, Salz und 75 ml Wasser in einen 2-Liter-Topf mit schwerem Boden geben. Bei schwacher bis mittlerer Hitze unter gelegentlichem Rühren erwärmen. Sobald der Zucker aufgelöst ist, das Zuckerthermometer am Topfrand einhängen und aufkochen. Gleichmäßig köcheln lassen, bis die Mischung eine Temperatur von 140 °C hat. Malzmilchpulver zufügen, unterrühren und weiterköcheln lassen, bis das Zuckerthermometer 149 °C anzeigt. Nun muss zügig gearbeitet werden. Den Topf vom Herd nehmen und den Topfboden 5 bis 7 Sekunden in das kalte Wasser im Spülbecken tauchen, damit der Karamell nicht weiterköchelt. Natron in den Topf sieben und etwa 5 Sekunden verquirlen, bis es gut verteilt ist. Dabei schäumt der Karamell gewaltig auf. Schnell weiterarbeiten. Mit einem Teigschaber die Mischung in einer gleichmäßigen Schicht in die Kuchenform füllen, aber nicht glatt streichen, sonst fällt der Honeycomb zusammen. Einige Stunden auskühlen und fest werden lassen.

Die Kuvertüre in eine feuerfeste Schüssel geben und über einem Topf mit leicht köchelndem Wasser schmelzen; der Schüsselboden darf das Wasser nicht berühren. Glatt rühren, vom Herd nehmen und die Kuvertüre etwas abkühlen lassen.

Das Honeycomb aus der Kuchenform stürzen, das Backpapier abziehen und in mundgerechte Stücke brechen. Für die Glasur mehrere Stücke gleichzeitig in die Kuvertüre geben, mit einer Gabel aus der Kuvertüre herausnehmen und gegen die Schüsselwand klopfen, sodass der Überschuss zurücktropfen kann. Die glasierten Stücke auf sauberes Backpapier legen. Vor dem Servieren die Kuvertüre aushärten lassen.

Utensilien:
quadratisches Kuchenblech, 20 cm, Zuckerthermometer

Aufbewahrung:
Luftdicht verpackt hält sich Honeycomb bis zu 1 Woche.

Ich habe mich wirklich bemüht, dieses Rezept so zu gestalten, dass eine geringere Stückzahl dabei herauskommt, aber trotz aller Anstrengung ist es mir nicht gelungen, Nugat in kleineren Mengen herzustellen. Nun müssen Sie wohl einfach mit der Tatsache leben, dass Sie mehr haben, als Sie jemals allein auf einmal essen können – aber dafür hat man ja schließlich Freunde!

Schokoriegel mit Haselnüssen und Karamell

Ergibt genug!

Für den Nugat

200 g blanchierte Haselnüsse
neutrales Pflanzenöl zum Einfetten
2 mittlere Eiweiß
350 g Feinstzucker
1 Prise Salz
50 g Glukosesirup
1 Msp. Weinstein
100 g milder Flüssighonig
1 TL Vanilleextrakt oder ½ TL Vanillepaste
400 g Vollmilchkuvertüre, gehackt

Für den Karamell

100 g heller Muscovado-Zucker
75 g heller Zuckerrübensirup
75 g Butter
150 ml Crème double
100 g Feinstzucker
1 TL Vanilleextrakt oder ½ TL Vanillepaste
1 Prise Meersalzflocken

Utensilien

Kuchenblech, 20 × 30 cm, Höhe 4 cm
Zuckerthermometer

Den Ofen auf 160 °C Grad vorheizen. Die Haselnüsse auf ein Backblech geben und 3 bis 4 Minuten leicht im Ofen anrösten. Aus dem Ofen nehmen, grob hacken (die Nüsse sollen nur kurz mit dem Messer in Berührung kommen) und abkühlen lassen.

Das Kuchenblech einfetten und mit einer Lage Backpapier auslegen. Das Eiweiß in die Schüssel einer Küchenmaschine geben, 1 TL Feinstzucker und Salz zufügen und zunächst beiseitestellen.

Den restlichen Feinstzucker, Glukosesirup, Weinstein und 75 ml Wasser in einen kleinen Topf geben und bei mittlerer Hitze unter leichtem Rühren den Zucker auflösen. Das Zuckerthermometer am Topfrand einhängen, den Sirup aufkochen und köcheln lassen, bis er 149 °C erreicht hat. Die Temperatur gut im Auge behalten, denn ab 120 °C steigt sie sehr schnell an. Den Honig in einen kleinen Topf oder feuerfesten Krug geben und entweder bei schwacher Hitze oder in der Mikrowelle erwärmen, bis er köchelt. Den heißen Honig langsam, damit die Temperatur nicht zu schnell abfällt, in den Zuckersirup laufen lassen, gut rühren und weiterköcheln lassen, bis der Sirup wieder eine Temperatur von 149 °C Grad hat. Den Topf vom Herd nehmen. Nun muss zügig gearbeitet werden. Das Eiweiß auf hoher Stufe mittelsteif bis steif schlagen. Die Geschwindigkeit des Rührgeräts reduzieren und langsam 2 bis 3 EL des heißen Sirups in einem gleichmäßigen Strahl in den Eischnee laufen lassen, dabei ständig weiterrühren. Wenn man zu schnell zu viel Sirup in den Eischnee gibt, wird das Eiweiß geschockt durch die Menge, die untergerührt werden muss; also langsam hineingießen. Anschließend den restlichen Sirup gleichmäßig zugeben. Da der heiße Sirup das Eiweiß stark erhitzt, geht die Mischung gewaltig auf. Vanille zufügen, die Geschwindigkeit auf mittlere Stufe erhöhen und weitere 2 bis 3 Minuten rühren, bis die Mischung sehr dick, glänzend und farblos ist. Die gehackten Haselnüsse mit einem Teigschaber zügig unter den Nugat heben.

Die Mischung auf das vorbereitete Kuchenblech füllen und mit einer Konditorpalette glatt streichen. Machen Sie sich nichts daraus, wenn die Fläche ein bisschen hubbelig ist, das macht die Riegel später umso charmanter. Den Nugat mit Backpapier abdecken und 3 bis 4 Stunden stehen lassen, damit er auskühlt und fest wird.

Fortsetzung auf der nächsten Seite

Aufbewahrung
Luftdicht verpackt halten sich die Riegel bis zu 1 Woche.

Die Hälfte der Vollmilchkuvertüre in eine feuerfeste Schüssel geben und über einem Topf mit leicht köchelndem Wasser schmelzen; der Schüsselboden darf das Wasser nicht berühren. Glatt rühren, anschließend auf den abgekühlten Nugat gießen und mit einer gewinkelten Konditorpalette glatt streichen. Abkühlen und aushärten lassen. Sobald die Kuvertüre fest geworden ist, einen großen Bogen Backpapier über den mit Kuvertüre bedeckten Nugat legen. Das Kuchenblech umdrehen, sodass die Schokoladenschicht nun unten ist. Den Nugat mit dem neuen Papier auf der Unterseite auf das Kuchenblech zurücklegen, wobei die Schokoladenseite nun unten ist und das Papier mindestens 1 cm über den Rand des Blechs ragt.

Für den Karamell Muscovado-Zucker, Zuckerrübensirup, Butter und Crème double in einen kleinen Topf geben und bei schwacher bis mittlerer Hitze die Butter schmelzen, den Zucker auflösen und die Mischung aufkochen. Glatt rühren und vom Herd nehmen. Den Feinstzucker in einen mittleren Topf geben und 2 EL Wasser zufügen. Bei mittlerer Hitze den Zucker ohne Rühren auflösen. Den Sirup aufkochen und köcheln lassen, bis er zu bernsteinfarbenem Karamell wird. Den Topf vom Herd nehmen und die heiße Crème-double-Mischung zugeben. Verrühren, das Zuckerthermometer am Topfrand einhängen und die Mischung aufkochen. Gleichmäßig köcheln lassen, bis der Karamell eine Temperatur von 118 °C erreicht hat. Den Topf sofort vom Herd nehmen, Vanille und Salzflocken zugeben, verrühren und den Karamell in einer gleichmäßigen Schicht über den Nugat gießen. Anschließend abkühlen lassen.

Sobald der Karamell vollständig ausgekühlt und fest ist, die restliche Vollmilchkuvertüre schmelzen und auf den Karamell gießen. Aushärten lassen, in Stücke, Vierecke oder Riegel schneiden und servieren.

Welch leichte, luftige Köstlichkeit! Ich schneide diesen Nugat gerne in mundgerechte Stücke und glasiere sie mit einer Knusper-Kuvertüre, aber Sie können sie auch nur zur Hälfte glasieren, mit Kuvertüre beträufeln oder einfach nackt servieren (ich spreche natürlich von den Nugatstücken, nicht von Ihnen). (Abbildung auf Seite 141)

Erdnuss-Schoko-Nugat

Ergibt etwa 30 Stück

neutrales Pflanzenöl zum Einfetten
100 g Erdnüsse, gesalzen und geröstet
100 g Zartbitterkuvertüre, gehackt
2 mittlere Eiweiß
1 Prise Salz
½ TL Vanillepaste
350 g Feinstzucker
100 g heller Zuckerrübensirup
50 g Glukosesirup
¼ TL Weinstein
100 g ungesüßte feine Erdnussbutter

Für die Glasur
250 g Zartbitterkuvertüre, gehackt
25 g gesalzene Erdnüsse, fein gehackt

Utensilien
quadratisches Kuchenblech, 20 cm
Zuckerthermometer

Aufbewahrung
Luftdicht verpackt hält sich der Nugat bis zu 1 Woche.

Das Kuchenblech leicht mit Öl einfetten und den Boden und die Seitenflächen mit Backpapier auslegen.

Die Erdnüsse in ein Sieb geben und gut schütteln, um überschüssiges Salz zu entfernen, grob hacken und beiseitestellen. Die Kuvertüre in eine feuerfeste Schüssel geben und über einem Topf mit leicht köchelndem Wasser schmelzen; der Schüsselboden darf das Wasser nicht berühren. Glatt rühren und vom Herd nehmen. Eiweiß, Salz, Vanille und 1 EL Feinstzucker in die Schüssel einer Küchenmaschine geben, aber noch nicht mit dem Rühren beginnen.

Den restlichen Feinstzucker, Zuckerrübensirup, Glukosesirup und Weinstein in einen 2-Liter-Topf geben. 100 ml Wasser zufügen und bei schwacher Hitze erwärmen. Sobald der Zucker aufgelöst ist, das Zuckerthermometer am Topfrand einhängen und bei mittlerer Hitze aufkochen. Köcheln lassen, bis der Sirup 130 °C erreicht hat, dann das Rührgerät einschalten und das Eiweiß auf mittlerer bis hoher Stufe schlagen. Den Sirup weiterköcheln lassen und das Eiweiß weiterschlagen, bis der Sirup 135 °C heiß ist und das Eiweiß steif ist – dies dauert etwa 20 bis 30 Sekunden. Den heißen Sirup vom Herd nehmen und das Thermometer aus dem Topf nehmen. Während das Rührgerät auf niedriger Stufe läuft, den heißen Sirup langsam zum Eischnee geben. Dies sollte etwa 30 Sekunden dauern; durch die Hitze des Sirups bläht sich das Eiweiß auf. Das Rührgerät auf mittlere Stufe hochstellen und etwa 3 bis 4 Minuten weiterrühren, bis die Mischung fest, glänzend und schön weiß ist.

Die Erdnussbutter zur warmen, geschmolzenen Kuvertüre geben und glatt rühren. Die Masse mit einem Teigschaber zusammen mit den gehackten Erdnüssen unter den Nugat heben und gut vermischen. Auf das vorbereitete Blech füllen und mit einer gewinkelten Konditorpalette glatt streichen. Die Fläche mit Backpapier abdecken und mit einem anderen Kuchenblech so flach wie möglich drücken. Den Nugat vollständig auskühlen lassen.

Für die Glasur die Kuvertüre in eine feuerfeste Schüssel geben und über einem Topf mit leicht köchelndem Wasser schmelzen; der Schüsselboden darf das Wasser nicht berühren. Glatt rühren, vom Herd nehmen und eine Minute abkühlen lassen.

Den Nugat auf ein Schneidebrett stürzen, das Backpapier abziehen und mit einem heißen oder leicht eingefetteten Küchenmesser in mundgerechte Vier- oder Rechtecke schneiden. Jedes Stück einzeln in die geschmolzene Kuvertüre tauchen und glasieren, dann auf einer Tauchgabel oder Speisegabel herausheben und überschüssige Kuvertüre in die Schüssel zurücktropfen lassen. Vorsichtig auf sauberes Backpapier setzen und mit den Erdnüssen bestreuen. Diesen Vorgang wiederholen, bis alle Nugatstücke glasiert sind. Erst servieren, wenn die Kuvertüre vollständig ausgehärtet ist.

Dieser Nugat mutet sehr weihnachtlich an mit seinen juwelenartigen roten Cranberries und grünen Pistazienstücken. Sie können auch ein eckiges Blech (20 × 30 cm) verwenden, wenn Sie den Nugat lieber in Rechtecke als in kuchenförmige Stücke schneiden möchten. (Abbildung auf Seite 141)

Nugat mit Cranberries, Kirschen und Pistazien

Für 10 bis 12 Personen

neutrales Pflanzenöl zum Einfetten
rechteckige Oblaten oder Reispapierblätter
100 g geschälte, ungesalzene Pistazien
75 g getrocknete Cranberries
50 g getrocknete Kirschen
30 g Kokosraspel
75 g weiße Kuvertüre
2 mittlere Eiweiß
350 g Feinstzucker
1 TL Vanillepaste oder das Mark von ½ Vanilleschote
1 Prise Salz
100 g milder Flüssighonig
100 g Glukosesirup
¼ TL Weinstein

Utensilien
Springform, 23 cm
Zuckerthermometer

Aufbewahrung
Luftdicht an einem kühlen Ort aufbewahrt und die Lagen zwischen Backpapier geschichtet, hält sich Nugat bis zu 1 Woche.

Die Springform leicht einfetten und den Boden und die Seitenwände mit Backpapier auslegen. Den Boden der ausgelegten Form mit nur einer Lage Oblaten bedecken, diese säuberlich anordnen. Die Pistazien grob hacken, in einer Schüssel mit den Cranberries, Kirschen und Kokosraspeln mischen und beiseitestellen. Die Kuvertüre in eine feuerfeste Schüssel geben und über einem Topf mit leicht köchelndem Wasser schmelzen; der Schüsselboden darf das Wasser nicht berühren. Glatt rühren und von der Hitze nehmen.

Das Eiweiß in die Schüssel einer Küchenmaschine geben, 1 TL Feinstzucker, Vanille dazugeben, aber noch nicht mit dem Rühren beginnen.

Den restlichen Feinstzucker, Honig, Glukosesirup und Weinstein in einen mittleren Topf geben. 75 ml Wasser zufügen und den Zucker bei mittlerer Hitze unter gelegentlichem Rühren auflösen. Das Zuckerthermometer am Topfrand einhängen, aufkochen und köcheln lassen, bis der Sirup 140 °C erreicht hat. Nun das Eiweiß auf mittlerer Stufe steif schlagen. Währenddessen den Sirup weiterköcheln lassen, bis er 149 °C erreicht hat. Zügig weiterarbeiten. Den Topf vom Herd nehmen, das Thermometer aus dem Topf nehmen und, während das Rührgerät auf niedriger Stufe läuft, den heißen Sirup in einem langsamen und gleichmäßigen Strahl in den Eischnee laufen lassen. Das Eiweiß wird durch den heißen Sirup so stark erhitzt, dass es sich aufbläht. Das Rührgerät hochschalten und noch etwa 3 Minuten weiterrühren, bis die Mischung dick, steif, glänzend und blass ist.

Die geschmolzene Kuvertüre und die Früchte-Kokos-Mischung zufügen und mit einem Teigschaber untermischen. In die vorbereitete Form füllen und mit einer gewinkelten Konditorpalette glatt streichen. Mit einer weiteren Lage Oblaten bedecken und die Oberfläche mit einer anderen, etwas kleineren Springform glatt drücken.

Einige Stunden oder am besten über Nacht vollständig auskühlen und fest werden lassen, dann in kuchenförmige Stücke schneiden und servieren.

Manchmal mag ich es, wenn Nugat etwas weicher ist, und genau so wird er mit diesem Rezept. Der Honig in diesem Nugat blitzt nur ein bisschen durch und rundet den Schokoladengeschmack ab, daher würde ich empfehlen einen milden Honig zu verwenden, der die Kuvertüre nicht übertüncht. Hauchdünne Oblaten (oder Reispapier) gibt es in allen möglichen Größen, man bekommt sie in größeren Supermärkten oder in einigen Fachgeschäften. (Abbildung auf Seite 140)

Nugat mit Schokolade und Haselnüssen

Ergibt etwa 30 bis 40 Stück

- neutrales Pflanzenöl zum Einfetten
- 2 bis 4 rechteckige Oblaten oder Reispapierblätter, je nach Größe
- 150 g blanchierte Haselnüsse
- 175 g Zartbitterkuvertüre (64 % Kakaoanteil), gehackt
- 25 g Butter
- 1 EL Kakao, gesiebt
- 1 großes Eiweiß
- 1 TL Vanillepaste oder das Mark von ½ Vanilleschote
- 1 Prise Salz
- 325 g Feinstzucker
- 140 g Glukosesirup
- 100 g milder Flüssighonig
- ¼ TL Weinstein

Utensilien

- quadratisches Kuchenblech, 18 cm
- Zuckerthermometer

Aufbewahrung

Luftdicht verpackt hält sich Nugat an einem kühlen Ort bis zu 1 Woche.

Den Ofen auf 180 °C vorheizen. Das Kuchenblech mit Öl einfetten und mit Backpapier auslegen.

Den Boden des ausgelegten Kuchenblechs mit nur einer Lage Oblaten bedecken. Die Haselnüsse auf ein Backblech geben und etwa 4 Minuten im Ofen rösten, bis sie leicht goldfarben sind. Die Nüsse aus dem Ofen nehmen und sehr grob hacken.

Die Kuvertüre in eine feuerfeste Schüssel geben und über einem Topf mit leicht köchelndem Wasser schmelzen; der Schüsselboden darf das Wasser nicht berühren. Butter und Kakao dazugeben, glatt rühren und warm halten.

Eiweiß, Vanille und Salz in die Schüssel einer Küchenmaschine geben. 1 EL Feinstzucker dazugeben, aber noch nicht mit dem Rühren beginnen.

Den restlichen Feinstzucker, Glukosesirup, Honig und Weinstein in einen mittleren Topf mit schwerem Boden geben und 4 EL Wasser zufügen. Bei mittlerer Hitze den Zucker unter ständigem Rühren auflösen. Das Zuckerthermometer am Topfrand einhängen, den Sirup aufkochen und gleichmäßig köcheln lassen, bis er 140 °C erreicht hat. Nun muss zügig gearbeitet werden. Den Topf vom Herd nehmen und das Eiweiß steif schlagen. Das Rührgerät auf niedrige bis mittlere Stufe stellen und den heißen Sirup in einem langsamen und gleichmäßigen Strahl in den Eischnee laufen lassen; dabei vermeiden, dass er an die Seitenwände der Schüssel spritzt. Sobald der gesamte Sirup zugegeben ist, weitere 2 bis 3 Minuten rühren, bis die Mischung eindickt und weiß glänzend wird. Eventuell müssen die Seitenwände der Schüssel mit einem Spatel abgeschabt werden, um sicherzustellen, dass die Zutaten gleichmäßig vermischt sind.

Die warme Kuvertüremischung in die Schüssel geben und weitere 10 Sekunden unterrühren. Die gerösteten Haselnüsse mit einem Teigschaber unter den Nugat heben. Auf das vorbereitete Blech füllen und mit einer gewinkelten Konditorpalette glatt streichen. Die Oberseite des Nugats mit einer Lage Oblaten abdecken und die Oberfläche gleichmäßig glatt drücken. Vollständig auskühlen lassen – etwa 4 Stunden oder besser über Nacht.

Den Nugat vom Blech nehmen und das Backpapier abziehen. In Riegel oder Vierecke schneiden und servieren.

Torrone, Turrone, Turron – gemeint ist ein und dasselbe ... Viele Länder erheben Anspruch auf diesen Nugat, aber wo auch immer sein wahrer Ursprung liegen mag, nur wenn er mit Honig und Mandeln vollgepackt wurde, ist er so, wie er sein soll.
Bei diesem Rezept müssen Sie schnell arbeiten – Nugat wartet auf niemanden – also sehen Sie zu, dass alles abgewogen und das Blech vorbereitet ist, ehe Sie auch nur daran denken, Sirup zu kochen.

Turron mit Mandeln und Pistazien

Ergibt 30 bis 40 Stück

neutrales Pflanzenöl zum Einfetten
2 bis 4 rechteckige Oblaten oder Reispapierblätter
150 g ganze Mandeln (d. h. mit Schale)
100 g geschälte, ungesalzene Pistazien
2 große Eiweiß
300 g Feinstzucker
½ TL Vanillepaste oder das Mark von ½ Vanilleschote
1 Prise Salz
250 g klarer Honig
50 g Glukosesirup
¼ TL Weinstein

Utensilien
quadratisches Kuchenblech, 20 cm
Zuckerthermometer

Aufbewahrung
Luftdicht verpackt hält sich der Turron 1 Woche.

Das Kuchenblech mit Öl einfetten und mit Backpapier auslegen. Den Ofen auf 160 °C vorheizen.

Den Boden des ausgelegten Kuchenblechs mit nur einer Schicht Oblaten bedecken – eventuell zurechtschneiden, damit sie exakt in das Blech passen.

Die Nüsse auf ein Backblech geben und 3 bis 4 Minuten leicht im Ofen rösten.

Eiweiß, 1 EL Feinstzucker, Vanillepaste oder -mark und Salz in die Schüssel einer Küchenmaschine geben und zunächst beiseitestellen.

Den Honig in einem kleinen Topf bei schwacher Hitze erwärmen, bis er köchelt. Vom Herd nehmen und warm halten. Den restlichen Feinstzucker, Glukosesirup, Weinstein und 75 ml Wasser in einen anderen Topf geben und den Zucker bei schwacher Hitze unter leichtem Rühren auflösen. Das Zuckerthermometer am Topfrand einhängen, den Sirup aufkochen und köcheln lassen, bis er 149 °C erreicht hat. Den Topf vom Herd nehmen, den heißen Honig vorsichtig dazugeben, gut verrühren und zurück auf den Herd stellen. Nun muss zügig gearbeitet werden. Das Eiweiß auf hoher Stufe steif schlagen. Die Rührgeschwindigkeit des Geräts ein wenig reduzieren und den heißen Honigsirup in einem langsamen, gleichmäßigen Strahl in den Eischnee laufen lassen; dabei ständig weiterrühren. Da der heiße Sirup das Eiweiß sehr stark erhitzt, schäumt die Mischung gewaltig auf. Die Rührgeschwindigkeit auf mittlere Stufe erhöhen und noch etwa 3 Minuten weiterrühren, bis die Mischung sehr dick und buttermilchfarben-blass ist. Die gehackten Nüsse mit einem Teigschaber unterheben.

Die Mischung schnell auf das vorbereitete Blech füllen und mit einer gewinkelten Konditorpalette gleichmäßig glatt streichen. Eine Schicht Oblaten auf den Turron drücken, die gesamte Oberfläche mit einem anderen Kuchenblech abflachen und mit ein paar Konservendosen beschweren. Über Nacht abkühlen lassen.

Am nächsten Tag, wenn der Turron vollständig ausgekühlt ist, aus der Form auf ein Schneidebrett stürzen. Das Backpapier abziehen und mit einem eingefetteten Küchenmesser in schmale, längliche Stücke oder Rechtecke schneiden und servieren. Sie können den Turron auch in größere Riegel schneiden und als köstliches Feiertagsgeschenk in Zellophan einpacken.

Ganz gleich, wie viel Popcorn Sie machen, es ist jedes Mal im Nu weg, und mit diesem gesalzenen Karamellpopcorn ist es auch nicht anders. Der Karamell bildet beim Abkühlen eine Kruste um das Popcorn und umhüllt jedes einzelne Stück mit einem Hauch von Vanille und Meersalz. Probieren Sie verschiedene Varianten aus, die den Genuss noch erhöhen: Sie können grob gehackte gesalzene Erdnüsse, dunkle Schokostückchen oder sogar Mini-Marshmallows zu der Mischung geben. So wird jeder Filmabend zusätzlich versüßt.

Ich kann Ihnen nur raten das Popcorn, sobald es abgekühlt ist, in ein Glas zu füllen, den Deckel richtig fest zuzuschrauben und das Glas auf ein ganz hohes Regal zu stellen, ansonsten wandern immer wieder Finger in die Schüssel, um schnell einen Leckerbissen mitzunehmen. Am Ende müssen Sie dann feststellen, dass alles verschwunden ist, ohne dass Sie es mitbekommen haben.

Gesalzenes Karamellpopcorn

Für 2 bis 6 Personen

2 EL neutrales Pflanzenöl
100 g Popcorn-Mais
175 g Feinstzucker
75 g Butter
1 TL Vanilleextrakt
1 Msp. Meersalzflocken

Aufbewahrung
Popcorn kann in einem luftdichten Behälter bis zu 1 Woche aufbewahrt werden. Ich bezweifle allerdings, dass es sich lohnt, das überhaupt zu erwähnen.

Das Öl in einen großen, tiefen Topf geben und auf mittlerer bis hoher Flamme erhitzen. Den Popcorn-Mais in den Topf geben, mit einem gut verschließenden Deckel abdecken und warten, bis die ersten Körner aufpoppen. Bei gleichbleibender Temperatur den Topf immer wieder schütteln, bis das Poppen aufhört. Den Topf sofort vom Herd nehmen, das Popcorn in eine große Schüssel füllen, dabei alle nicht aufgepoppten Kerne herauspicken.

Den Feinstzucker in einen mittleren Topf mit schwerem Boden geben und 1 bis 2 EL Wasser zufügen. Den Zucker bei mittlerer Hitze ohne Rühren auflösen. Eventuell ist es nötig, den Topf leicht hin- und herzudrehen und die Seitenwand mit etwas kaltem Wasser abzuspülen, um sicherzustellen, dass der Zucker sich gleichmäßig auflöst, ohne auf dem Boden oder der Seitenwand des Topfs zu kristallisieren. Sobald der Zucker aufgelöst ist, den Sirup aufkochen und gleichmäßig köcheln lassen, bis er beginnt zu karamellisieren und eine schöne, tiefgoldene Bernsteinfarbe bekommt. Den Topf vom Herd nehmen und Butter, Vanilleextrakt und Salz zufügen; dabei vorsichtig vorgehen, da der Karamell währenddessen spritzt. Den Topf hin- und herdrehen, um die schmelzende Butter mit dem Karamell zu vermischen. Den Topf für weitere 20 Sekunden auf die leicht erhitzte Herdplatte zurückstellen, damit die Zutaten sich gleichmäßig verbinden.

Den Karamell schnell über das Popcorn schütten und mit zwei Gabeln vermischen, bis das Popcorn gleichmäßig bedeckt ist und die einzelnen Stücke aneinanderkleben und kleine Häufchen bilden. Das Karamellpopcorn vor dem Servieren auf einem großen Backblech auskühlen lassen.

A
A

Gewürzkrokant mit Erdnüssen und Cashewkernen

Ergibt etwa 30 Stück

- 150 g ungesalzene Erdnüsse
- 150 g ungesalzene Cashewkerne
- 100 g heller Farinzucker
- 250 g Feinstzucker
- 100 g heller Zuckerrübensirup
- 50 g Butter
- ½ TL Natron
- ½ TL Vanillepaste
- ½ TL geräucherter Paprika
- ½ TL gemahlener Zimt
- 1 Prise Meersalzflocken

Den Ofen auf 180 °C vorheizen. Die Nüsse auf einem großen Backblech 3 bis 4 Minuten leicht anrösten, bis sie blassgolden sind. In eine Schüssel geben und abkühlen lassen. Das Backblech mit einem Bogen Backpapier auslegen.

Beide Zuckersorten in einen mittleren Topf geben. Den Zuckerrübensirup und 100 ml Wasser zufügen und den Zucker bei mittlerer Hitze auflösen. Butter dazugeben, unter Rühren schmelzen und aufkochen. Das Zuckerthermometer am Topfrand einhängen und gleichmäßig köcheln, bis die Temperatur 154 °C erreicht hat. Den Topf vom Herd nehmen und Natron, Vanille, geräucherten Paprika, Zimt und Salz zufügen. Die Nüsse zugeben und unter Rühren gut vermischen; die Mischung schäumt beim Rühren auf. Mit einem Löffel auf das vorbereitete Backblech füllen und mit der Löffelrückseite glatt streichen.

Den Krokant vollständig auskühlen und aushärten lassen (mindestens 1 Stunde), bevor er in Stücke gebrochen und serviert wird.

Pinienkrokant mit gemischten Kernen

Ergibt 20 bis 30 Stück

- 100 g Pinienkerne
- 50 g gemischte Kerne (Kürbis- und Sonnenblumenkerne)
- 250 g Feinstzucker
- 25 g Butter
- 2 EL Honig oder heller Zuckerrübensirup
- 1 Prise Meersalzflocken
- 1 TL Orangenblütenwasser (nach Belieben)

Utensilien

Zuckerthermometer

Aufbewahrung

Lagenweise zwischen Backpapier geschichtet und luftdicht verpackt hält sich Gewürzkrokant bis zu 2 Wochen. Pinienkrokant hält sich unter den gleichen Bedingungen bis zu 1 Woche.

Den Ofen auf 160 °C vorheizen. Die Pinienkerne auf ein Backblech geben und 3 bis 4 Minuten im Ofen anrösten, bis sie leicht golden sind. In eine Schüssel füllen und die gemischten Kerne dazugeben. Das Backblech mit Backpapier auslegen.

Den Zucker in einen Topf mit schwerem Boden geben, 75 ml Wasser zufügen und den Zucker bei mittlerer Hitze auflösen. Butter und Honig (oder Sirup) dazugeben und rühren, bis die Zutaten geschmolzen sind. Das Zuckerthermometer am Topfrand einhängen und aufkochen. Bei mittlerer Hitze weiterköcheln lassen, bis die Mischung 176 °C erreicht

Den Topf vom Herd nehmen, Salz und Orangenblütenwasser (nach Belieben) zugeben und verrühren. Die Kerne dazugeben und schnell miteinander vermischen, sodass sie gleichmäßig mit Karamell bedeckt werden. Auf das ausgelegte Backblech füllen und mit der Rückseite eines Löffels oder einer Konditorpalette glatt streichen. Den Krokant vollständig auskühlen und aushärten lassen, bevor er in Stücke gebrochen und serviert wird.

Geröstete ganze Mandeln werden in diesem Rezept mit einer knusprigen Karamellschicht bedeckt und anschließend in Kuvertüre gehüllt. Zum Abschluss bestäube ich sie gern mit einer Mischung aus gefriergetrocknetem Kirschpulver und Puderzucker. Wenn Sie es lieber einfach mögen, nehmen Sie die Puderzucker- oder Kakao-Variante; das Ergebnis ist immer noch köstlich – es hat einfach nur ein bisschen weniger Jazz.

Kandierte Mandeln

Ergibt genug für 3 bis 4 Marmeladengläser

200 g ganze Mandeln
100 g Feinstzucker
2 TL Butter
150 g Zartbitterkuvertüre, gehackt
250 g Vollmilchkuvertüre, gehackt

Zum Bestäuben

2 EL Kirschpulver, gefriergetrocknet
2 bis 3 EL Puderzucker
2 EL Kakaopulver

Utensilien

ein Paar Latex-Handschuhe, lebensmittelgeeignet

Aufbewahrung

Luftdicht verpackt halten sich kandierte Mandeln bis zu 1 Monat.

Den Ofen auf 170 °C vorheizen und ein Backblech mit Backpapier auslegen.

Die Mandeln auf einem anderen Backblech verteilen und 3 bis 4 Minuten im Ofen rösten. In der Zwischenzeit den Feinstzucker in einen kleinen Topf mit schwerem Boden geben, 1 EL Wasser zufügen und den Zucker bei schwacher bis mittlerer Hitze ohne Rühren auflösen. Kristalle, die sich am Topfrand bilden, mit einem sauberen, in heißes Wasser getauchten Backpinsel entfernen und auflösen. Den Sirup aufkochen und gleichmäßig köcheln lassen, bis sich honigfarbener Karamell bildet. Dies ist im Nu der Fall, da nur eine kleine Menge zubereitet wird. Die warmen Mandeln in den Topf geben, vom Herd nehmen und vermischen, sodass jede einzelne Nuss mit flüssigem Karamell bedeckt wird. Butter dazugeben und vermengen.

Nun muss zügig gearbeitet werden. Die Mandeln auf das vorbereitete Backblech füllen, die Latex-Handschuhe anziehen und die Nüsse in den Händen hin- und herwenden und mit den Fingern voneinander trennen, sodass jede Mandel von einer glatten, knusprigen Karamellschicht umhüllt ist. Bei Zimmertemperatur auskühlen und aushärten lassen.

Sobald die Mandeln vollständig ausgekühlt sind, in eine mittlere Schüssel geben und 15 Minuten in den Kühlschrank stellen. Währenddessen die Zartbitterkuvertüre und die Vollmilchkuvertüre in eine feuerfeste Schüssel geben und über einem Topf mit leicht köchelndem Wasser schmelzen; der Schüsselboden darf das Wasser nicht berühren. Glatt rühren, vom Topf nehmen und leicht abkühlen lassen.

Das Kirschpulver mit 1 TL des Puderzuckers mischen und auf einen großen Teller geben. Den restlichen Puderzucker und das Kakaopulver jeweils auf zwei weitere Teller schütten.

Mit einem Löffel ein Drittel der geschmolzenen Kuvertüre auf die gekühlten Mandeln geben. Nun muss schnell gearbeitet werden. Gründlich durchmischen, sodass jede Nuss mit Kuvertüre bedeckt wird. Die Mandeln zurück auf das ausgelegte Backblech geben und wieder voneinander trennen. Noch einmal 5 Minuten in den Kühlschrank stellen. Diesen Vorgang – mit Kuvertüre glasieren und abkühlen lassen – noch zweimal wiederholen, bis die Kuvertüre aufgebraucht ist.

Bevor die letzte Kuvertürenschicht ausgehärtet ist, die Mandeln entweder im Kirschpulver, im Puderzucker oder im Kakaopulver wenden.

Diese fruchtigen, nussigen Kleinigkeiten könnten nicht leichter herzustellen sein. Nehmen Sie ruhig andere Früchte oder Nüsse, je nachdem, was für Sie zusammenpasst oder was Sie gerade vorrätig haben. Pistazien, Pekannüsse, getrocknete Cranberries, Aprikosen oder Sultaninen wären alle perfekte Alternativen.

Nuss-Rosinen-Häufchen

Ergibt etwa 12 große Häufchen

100 g blanchierte Mandeln
100 g blanchierte Haselnüsse
75 g Rosinen
75 g getrocknete Sauerkirschen
50 g Feinstzucker
1 EL brauner Rum
200 g Zartbitterkuvertüre, gehackt

Aufbewahrung

Lagenweise zwischen Backpapier geschichtet und luftdicht verpackt halten sich die Nuss-Rosinen-Häufchen 1 bis 2 Wochen.

Den Ofen auf 180 °C vorheizen.

Mandeln und Haselnüsse grob hacken, auf ein Backblech geben und im Ofen etwa 4 Minuten leicht rösten. In der Zwischenzeit die Rosinen und die getrockneten Kirschen grob hacken.

Den Feinstzucker in einen kleinen Topf geben, 1 EL Wasser zufügen und den Zucker bei mittlerer Hitze auflösen. Aufkochen, etwa 1 Minute köcheln lassen, bis die Konsistenz sirupartig ist, den Rum dazugeben und wieder aufkochen.

Die Trockenfrüchte zu den gerösteten Nüssen geben und gut mischen. Schnell über den heißen Sirup schütten und vermischen, sodass Früchte und Nüsse bedeckt werden. Die Mischung einen Moment abkühlen lassen, dann mit den Händen 12 gleich große Häufchen formen. Auf Backpapier setzen und abkühlen lassen.

Die Kuvertüre in eine feuerfeste Schüssel geben und über einem Topf mit leicht köchelndem Wasser schmelzen; der Schüsselboden darf das Wasser nicht berühren. Vom Topf nehmen und glatt rühren. Immer je ein Nusshäufchen auf die Zinken einer Gabel legen und in die geschmolzene Kuvertüre tauchen, sodass es vollständig glasiert wird. Aus der Kuvertüre nehmen, die Gabel leicht gegen die Schüsselwand klopfen, sodass überschüssige Kuvertüre zurück in die Schüssel tropfen kann. Auf Backpapier setzen und den Vorgang wiederholen, bis alle Häufchen mit Kuvertüre glasiert sind.

Vor dem Servieren an einen kühlen Ort stellen, bis die Kuvertüre ausgehärtet ist.

Bonbons, Lollis & mehr

Zitronen- und Orangendrops

Himbeerdrops

Pünktchen-Bonbons

Kandiszuckerstäbchen

Brausepulver mit Lollis zum Dippen

Veilchen-Bonbons

Englische Anisbonbons

Zuckerstangen

Dieses Kapitel ist eine Sammlung von Rezepten, die meiner Meinung nach am ehesten Kinder ansprechen, oder jedenfalls das große Kind in jedem von uns. Ich finde, dass Bonbons etwas sehr Nostalgisches und Altmodisches an sich haben – vielleicht wegen der glänzenden, aufgereihten Glasgefäße im Süßwarenladen, die mich als kleines Kind so sehr faszinierten, jedes gefüllt mit unterschiedlichen Formen, Farben und Geschmacksrichtungen.

Bonbons sollten richtig bunt sein und einen intensiven Geschmack haben, den man mit Extrakten und Ölen erzielt. Ich bevorzuge möglichst natürliche Aromen, wie beispielsweise Orange, Zitrone, Rose, Veilchen oder Pfefferminze sowie frische Fruchtsäfte. Mit ein paar kleinen Tröpfchen Lebensmittelfarbe kann man Bonbons in allen Regenbogenfarben kreieren, die zu fast jeder erdenklichen Geschmacksrichtung passen. Dabei nie vergessen: eine kleine Menge reicht aus!

Die meisten Kinder (kleine wie auch große) sind von Kandiszuckerstäbchen begeistert, dafür gibt es fast schon eine Garantie. Die Herstellung von Süßigkeiten besteht meistens teils aus Kochen und teils aus Wissenschaft, aber in diesem Rezept geht es fast ausschließlich um die wissenschaftliche Seite. Die Herstellung von Zuckerkristallen aus bunt gefärbtem Zuckersirup ist auch eine Geduldsübung – es kann Wochen dauern, bis die Kristalle sich gebildet haben, aber das Warten lohnt sich!

Wenn die Herstellung Ihrer Süßigkeiten schneller gehen soll, könnten Sie glasartige Lollis in fröhlichen Farben machen. Lollistiele und Gießformen in vielen Formen und Größen bekommt man in fast jedem guten Geschäft für Küchengeräte und -utensilien oder im Internet.

In einem Laden in Paris sah ich diese kleinen Zitrusdrops und war sofort hin und weg! Die meisten Supermärkte führen mittlerweile Zitronen- und Orangenextrakt in guter Qualität – ein billiges Aromaimitat reicht wirklich nicht aus. In diesem Rezept setze ich auch eine kleine Menge Zitronensäure ein, die den Drops Schärfe verleiht. Zitronensäure wird auch oft in Rezepten für selbst gemachte Liköre verwendet; man erhält sie in Apotheken oder Lebensmittelfachgeschäften.

Zitronen- und Orangendrops

Ergibt etwa 70 kleine Drops

neutrales Pflanzenöl zum Einfetten
225 g Feinstzucker
½ TL Weinstein
1 TL Zitronensäure
1 TL Zitronen- oder Orangenextrakt
gelbe oder orange Lebensmittelfarbe
1 EL Puderzucker

Utensilien
Zuckerthermometer

Aufbewahrung
In einem Glasgefäß an einem kühlen, trockenen Ort aufbewahrt, halten sich die Drops 1 bis 2 Wochen.

Vor Beginn die benötigten Utensilien bereitstellen und alle Zutaten abwiegen, denn sobald der Zucker kocht, muss schnell gearbeitet werden. Ein großes Backblech mit einer großen Lage Backpapier auslegen und gut mit Öl einfetten. Eine Konditorpalette und eine Küchenschere ebenfalls mit Öl einfetten.

Zucker, Weinstein und 75 ml Wasser in einem kleinen bis mittleren Topf mit schwerem Boden vermischen und langsam zum Kochen bringen, dabei ständig rühren, bis der Zucker sich vollständig aufgelöst hat. Das Zuckerthermometer am Topfrand einhängen und bei mittlerer Hitze etwa 5 Minuten weiterköcheln lassen, bis der Sirup eine Temperatur von 149 °C erreicht hat. Kommen Sie nicht in Versuchung, sich vom Topf zu entfernen, Tee zu kochen oder sonst irgendwas zu tun, während die Temperatur des Sirups ansteigt – es passiert ganz schnell, dass die Temperatur höher steigt als gewünscht. Sobald der Sirup die gewünschte Temperatur erreicht hat, den Topf vom Herd nehmen. Zügig weiterarbeiten. Die Zitronensäure, den Zitronen- oder Orangenextrakt und die jeweilige Lebensmittelfarbe in den Topf geben und mit einem Schneebesen oder Kochlöffel gründlich vermischen. Man benötigt nur eine winzige Menge Lebensmittelfarbe, ganz nach dem Motto: „kleine Menge, große Wirkung".

Den Sirup auf das eingefettete Backpapier gießen und 1 bis 2 Minuten oder so lange, bis sich eine dünne Schicht an der Oberfläche gebildet hat, abkühlen lassen. Mit der eingefetteten Konditorpalette die Ecken der Sirupschicht anheben und in die Mitte umschlagen. Den Sirup immer wieder vom Rand in die Mitte falten, bis er abkühlt, eindickt und klebrig wird. Sobald die Masse soweit abgekühlt ist, dass man sie anfassen kann, schnell mit den Händen nehmen und zu einem dicken Seil ziehen. Die Enden aufeinanderlegen und zu einem dicken Seil drehen. An den Enden auseinanderziehen und dieses Ziehen und Drehen so lange wiederholen, bis das Seil eine hellere Farbe bekommt, fest wird und abkühlt. Nun die Zuckermasse lang ziehen, sodass man einen Strang mit einem Durchmesser von etwa 1 bis 2 cm erhält. Mit der eingefetteten Schere das langgezogene Bonbonseil in kleine dreieckige Stücke auf ein Backblech schneiden. (Sollte währenddessen das Zuckerseil so hart oder spröde werden, dass man es nicht mehr schneiden kann, legt man es auf ein mit Backpapier ausgelegtes Backblech und erwärmt es im Ofen auf der unteren Schiene für 10 bis 20 Sekunden, bis es wieder biegsam ist).

Die Drops in Puderzucker wenden, damit sie nicht zusammenkleben, und in Glasbehälter füllen, sobald sie abgekühlt sind.

Diese kleinen Drops sind mit echtem Himbeersaft aromatisiert und ich mache sie sehr gern in verschiedenen Formen und Größen. Obwohl es nicht unbedingt notwendig ist, gebe ich gern ein winziges Tüpfelchen rote Lebensmittelfarbe in die Mischung – gerade so viel, dass diese Bonbons klarer und glänzender aussehen.

Himbeerdrops

Ergibt etwa 40 Stück, je nach Größe der Gießformen

Backtrennspray oder neutrales Pflanzenöl zum Einfetten
300 g Himbeeren
Saft einer halben Zitrone
300 g Feinstzucker, zzgl. 2 EL
100 g Glukosesirup
¼ TL Weinstein
rote Lebensmittelfarbe (nach Belieben)

Utensilien

verschiedene Bonbon-Gießformen
Zuckerthermometer

Aufbewahrung

In einem luftdichten Glasbehälter an einem kühlen, trockenen Ort aufbewahrt, halten sich Himbeerdrops 3 bis 4 Tage.

Die Bonbon-Gießformen mit Backtrennspray oder Sonnenblumenöl einfetten.

Die Himbeeren in einen kleinen Topf geben, den Zitronensaft und die beiden EL Feinstzucker zufügen. Den Zucker bei schwacher Hitze auflösen und weiterköcheln lassen, bis die Himbeeren zusammenfallen und sehr stark aussaften. Vom Herd nehmen und 30 Minuten stehen lassen, damit die Mischung abkühlt und die Beeren noch mehr Saft abgeben. In ein feinmaschiges Sieb über einer Schüssel schütten und etwa 2 Stunden abtropfen lassen, ohne dabei die Früchte zu drücken oder durchzurühren (sonst erhält man eher ein Himbeerpüree als einen klaren, rubinroten Saft). Am Ende sollte man 100 bis 150 ml Himbeersaft herausbekommen.

Den restlichen Feinstzucker in einen mittleren Topf mit schwerem Boden geben, Glukosesirup, Weinstein und 100 ml Wasser zufügen. Langsam zum Kochen bringen und sachte rühren, damit der Zucker sich auflöst. Das Zuckerthermometer am Topfrand einhängen und köcheln lassen, bis der Sirup eine Temperatur von 154 °C erreicht hat.

In der Zwischenzeit den Himbeersaft in einen anderen kleinen Topf füllen, aufkochen und leicht köcheln lassen, bis er auf die Hälfte reduziert ist. Sobald der Sirup 154 °C heiß ist, den Topf vom Herd nehmen. Den heißen Himbeersaft ganz vorsichtig und langsam in den Sirup gießen – dabei entsteht ein heftiges Blubbern. Leicht miteinander verrühren und den Topf auf den Herd zurückstellen, aufkochen und gleichmäßig köcheln lassen, bis die Mischung wieder eine Temperatur von 154 °C erreicht hat. Zügig weiterarbeiten. Falls Lebensmittelfarbe verwendet wird, eine winzige Menge davon in die Mischung geben und gleichmäßig unterrühren. Den heißen Sirup in einen angewärmten Krug gießen und anschließend vorsichtig in die eingefetteten Gießformen füllen. Ruhen lassen, bis der Sirup ausgehärtet ist. Die Drops sollten leicht aus den Formen herausrutschen.

Es gibt unendlich viele Variationen dieser Bonbons – alle Faben und vorstellbaren Geschmacksrichtungen sind möglich. Bei der Bonbonherstellung bevorzuge ich natürliche Aromen, aber Sie können auch alles andere verwenden, was Ihre Fantasie anregt – Kaugummi-, Limonaden-, Kirscharoma …

Pünktchen-Bonbons

Ergibt etwa 720 kleine Pünktchen

1 Beutel (8 g) Eiweißpulver
250 bis 275 g Puderzucker
natürliche Aromen, z. B. Zitrone, Orange, Rose oder Veilchen
4 verschiedene Lebensmittelfarben

Utensilien
weißes DIN-A4-Papier und ein Markierstift
frost- oder fettbeständiges Papier
Einwegspritzbeutel

Aufbewahrung
Luftdicht in einem Behälter oder einem Glas aufbewahrt, halten sich Pünktchen-Bonbons bis zu 2 Wochen.

Wenn Sie Ihre Zuckerpünktchen in schön angeordneten Bahnen auftragen wollen, müssen Sie zunächst Papierschablonen anfertigen. Nehmen Sie dafür einen Bogen DIN-A4-Papier und einen Markierstift. Zeichnen Sie auf dem A4-Papier 2 Punktegitter auf. Jedes Gitter sollte dabei aus 4 waagerechten und 15 senkrechten, sauber aufgetragenen Reihen bestehen, wobei die Punkte jeweils etwa 1,5 cm voneinander entfernt sind. Fotokopieren Sie dieses Blatt 6 Mal.

Legen Sie die Papierschablonen nebeneinander auf einen großen Tisch oder eine Arbeitsfläche. Nehmen Sie frost- oder fettbeständiges Papier und legen Sie jeweils einen Bogen mit der glänzenden Seite nach unten auf die einzelnen Schablonen, sodass diese vollständig abgedeckt sind und Sie die Punkte durch das Papier sehen können. Nun können Sie beginnen.

Das Eiweißpulver in eine Schüssel geben, 50 ml kaltes Wasser und einen Großteil des Puderzuckers zufügen. Schlagen, bis eine dicke, geschmeidige Masse entstanden ist. Die Masse sollte, wenn sie vom Löffel abfällt, ein fluffiges Häufchen bilden, das seine Form behält, aber kein spitzes Häubchen hat – entweder mehr Wasser oder einen Teelöffel Puderzucker dazugeben, um die richtige Konsistenz zu erhalten.

Das gewünschte Aroma dazugeben – davon sind nur wenige Tropfen nötig – und gut untermischen. Die Mischung auf 4 Schüsseln verteilen, in jede Schüssel ein winziges Tüpfchen der verschiedenen Lebensmittelfarben geben und gut untermischen. Mit einem Löffel die verschiedenen Mischungen in die einzelnen Spritzbeutel geben und jeweils am oberen Ende zusammendrehen, um zu verhindern, dass die Masse herausquillt. Nun immer mit einer Farbe arbeiten; das Ende des Spritzbeutels abschneiden, sodass eine winzige Öffnung entsteht, und eine senkrechte Reihe auf jedes der Gitter spritzen, wobei die Schablone als Richtlinie dient. Mit den anderen Farben genauso verfahren.

Die Pünktchen-Bonbons über Nacht an einem kühlen, trockenen Ort trocknen lassen, dann die Papierbögen in Streifen schneiden und die Pünktchen-Bonbons auf den einzelnen Streifen zum Verschenken in durchsichtige Zellophantüten füllen.

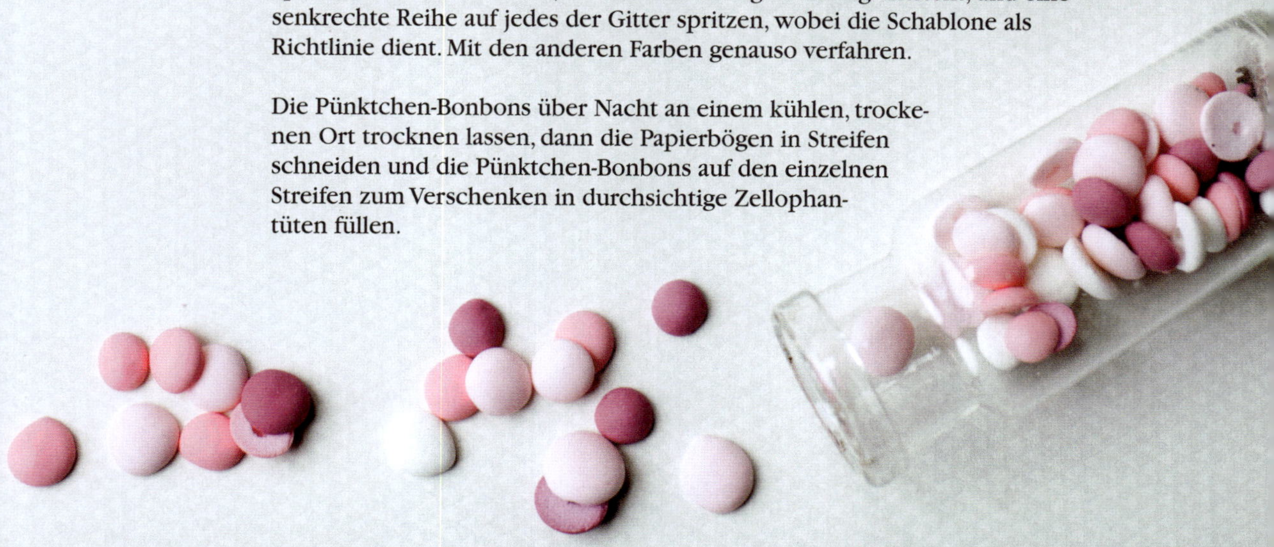

Für dieses Rezept werden mit Zucker überzogene Bambusspieße in ein Gefäß mit gesättigter Zuckerlösung gehängt. Die Zuckerkristalle bilden sich dann um den Spieß herum und es entsteht eine richtig schöne, skulpturhafte Nascherei. Kommen Sie nicht in Versuchung, die Zuckerspieße zu stören, ehe sie große Kristalle angesetzt haben – dies kann bis zu zwei Wochen dauern. Für die Ungeduldigen unter uns sind diese Kandiszuckerstäbchen nicht das Richtige, aber das Ergebnis macht stolz und ist so schön, dass sich das Warten mehr als lohnt.

Kandiszuckerstäbchen

Ergibt 4 bis 6 Stück

700 g Feinstzucker
Lebensmittelfarbe

Utensilien
10 saubere Holzspieße
2 Marmeladengläser mit großer Öffnung

Aufbewahrung
Luftdicht verpackt und an einem kühlen, trockenen Ort aufbewahrt, halten sich Zuckerstangen monatelang.

6 der Spieße in ein Glas kaltes Wasser tauchen, sodass 8 bis 10 cm vom Wasser bedeckt sind.

100 g Zucker auf ein Backblech geben und die nassen Enden der Spieße im Zucker rollen, sodass sie gleichmäßig bedeckt sind. Zum Trocknen mit den gezuckerten Enden nach oben für 2 Stunden in ein leeres Glas stellen.

Den restlichen Zucker und 250 ml Wasser in einen Topf geben und bei schwacher bis mittlerer Hitze leicht rühren, sodass der Zucker sich vollständig auflöst. Aufkochen und 2 bis 3 Minuten leicht köcheln lassen, bis die Flüssigkeit ganz leicht eingedickt und sirupartig ist.

So viel Lebensmittelfarbe zum Sirup geben, dass er eine kräftige Farbe bekommt. Den Sirup auf die Marmeladengläser verteilen und etwa 1 Stunde abkühlen lassen.

Je 2 Holzspieße in einem Abstand von 2 bis 3 cm quer über die Öffnungen der Marmeladengläser legen. An jeden der mit Zucker bedeckten Spieße auf etwa halber Höhe eine Wäscheklammer anbringen, dabei darauf achten, dass nichts von dem getrockneten Zucker abfällt. Das gezuckerte Ende des Spießes in den Sirup hängen, sodass es etwa 1 cm über dem Boden des Glases schwebt. Dann die Wäscheklammer auf den parallel angeordneten Spießen ablegen. Mit den restlichen Zuckerspießen ebenso verfahren, sodass jeweils 3 Stück in einem guten Abstand voneinander in einem Glas hängen. Die Gläser erschütterungsfrei für mindestens 1 Woche an einen warmen, trockenen Platz stellen (perfekt ist ein sonniges Fensterbrett), bis sich große Zuckerkristalle um die eingetauchten Spieße gebildet haben. Die Dauer der Kristallbildung variiert je nach Zimmertemperatur und Lichteinfall und kann in kühleren Klimazonen bis zu 3 Wochen dauern.

Die Spieße vorsichtig aus den Gläsern nehmen, den überschüssigen Sirup in das Glas zurücktropfen lassen. Möglicherweise hat sich eine Kruste aus Zuckerkristallen am oberen Rand der Gläser gebildet, daher Acht geben, dass keine Kristalle von den Spießen abplatzen, während sie aus dem Glas herausgenommen werden. Die Spieße mit den Kristallenden nach unten in die Gläser hängen und mindestens 1 Stunde trocknen lassen.

Dieses Rezept ist pure Nostalgie. Ich erinnere mich lebhaft daran, wie ich Brausepulver mit einem Lakritzstäbchen aus kleinen gelben Papierröllchen dippte. Irgendwie war immer eines schneller aufgebraucht als das andere – normalerweise ging die Lakritze zuerst aus, dann wurde die Brause aus dem Tütchen direkt in den Mund geschüttet und es fühlte sich großartig an, wie sie auf der Zunge zischte und sprudelte.

Brausepulver mit Lollis zum Dippen

Ergibt 12 Stück

Für das Brausepulver
500 g Feinstzucker
2 TL Zitronensäure
1 TL Natron
ein paar Tropfen Zitronen- oder Orangenextrakt
natürliches Himbeeraroma
gelbe und rosa Lebensmittelfarbe

Für die Lollis
neutrales Pflanzenöl zum Einfetten
300 g Feinstzucker oder Kristallzucker
150 g heller Zuckerrübensirup
½ TL Weinstein
1 TL Orangen- oder Zitronenextrakt
gelbe und rosa Lebensmittelfarbe

Utensilien
eine kleine Lolli-Gießform mit 12 Löchern (nach Belieben)
Lollistiele
Zuckerthermometer

Zuerst das Brausepulver zubereiten. Den Feinstzucker etwa 1 Minute in der Küchenmaschine pulverisieren. Zitronensäure und Natron dazugeben und nochmals mixen, bis die Zutaten gut miteinander vermischt sind. Die Hälfte des Brausepulvers in eine Schüssel geben und beiseitestellen. Ein paar Tropfen Zitronenextrakt (oder Orangenextrakt) sowie eine winzige Menge gelbe Lebensmittelfarbe in die Schüssel der Küchenmaschine geben und nochmals mixen, bis alle Zutaten gut vermischt sind und das Brausepulver eine zarte Pastellfarbe hat. Ausfüllen und mit dem restlichen Brausepulver wiederholen, wobei diesmal rosa Lebensmittelfarbe und Himbeeraroma zugegeben werden. Bis zum Verbrauch in luftdichten Gläsern aufbewahren.

Die Lolli-Gießformen mit Öl einfetten oder ein Backblech mit eingefettetem Backpapier auslegen.

Zucker und Zuckerrübensirup in einen kleinen Topf mit schwerem Boden geben. Weinstein und 175 ml Wasser zufügen und den Zucker bei mittlerer Hitze unter ständigem Rühren auflösen. Das Zuckerthermometer am Topfrand einhängen und den Sirup aufkochen. Bei mittlerer Hitze gleichmäßig köcheln lassen, bis der Sirup eine Temperatur von 154 °C erreicht hat. Den Topf sofort vom Herd nehmen, den Zitronen- oder Orangenextrakt und eine winzige Menge der entsprechenden Lebensmittelfarbe zugeben und gleichmäßig verrühren.

Die Mischung in die vorbereiteten Gießformen füllen und in jeden Lolli ein Stäbchen legen. Falls Sie keine Lolli-Gießform haben, den Sirup einfach abkühlen und leicht eindicken lassen, vom Löffel in Kreisen auf das Backpapier laufen lassen und jeweils einen Lollistiel in die Mitte legen. Die Lollis vollständig aushärten und abkühlen lassen, ehe sie aus den Gießformen oder vom Backpapier entfernt werden.

Das Brausepulver in kleine Gläser oder hübsche Tütchen aus Wachspapier füllen und zusammen mit den Lollis servieren.

Aufbewahrung
In einem luftdichten Vorratsglas an einem kühlen, trockenen Ort gelagert hält sich Brausepulver bis zu 1 Monat. Die Lollis am besten 1 bis 2 Tage nach der Herstellung servieren. Sie können einzeln in Zellophantüten verpackt bei kühler Zimmertemperatur aufbewahrt werden.

Dies ist meine Version von Veilchen-Bonbons, die entweder mit Bonbon-Gießformen hergestellt werden oder mit einer Do-it-yourself-Gießform, für die man nichts weiter benötigt als ein Kuchenblech mit Puderzucker und Speisestärke. Wenn Sie mögen, können Sie diese Bonbons mit Rosenöl, -wasser oder -extrakt aromatisieren, die Mischung mit einem Hauch von Rosa färben und ein kleines Rosenblatt, frisch oder getrocknet, in jedes Bonbon legen.
Bei der Verwendung von frischen Blumen in der Küche sollten Sie sicherstellen, dass sie ungiftig sind, nicht mit Chemikalien besprüht wurden oder am besten aus Ihrem eigenen Garten kommen.

Veilchen-Bonbons

Ergibt etwa 70 Stück, je nach Größe der Gießformen

500 g Puderzucker (nach Belieben)
200 g Speisestärke (nach Belieben)
neutrales Pflanzenöl zum Einfetten (nach Belieben)
300 g Feinstzucker
150 g Glukosesirup
¼ TL Zitronensäure
ein paar Tropfen Veilchenextrakt oder -öl
lila Lebensmittelfarbe
essbare Veilchenblüten (nach Belieben)

Utensilien
verschiedene Bonbon-Gießformen (nach Belieben)
oder ein Kuchenblech, 30 × 40 cm
Zuckerthermometer

Aufbewahrung
Luftdicht in einem Glas oder einer Dose an einem kühlen, trockenen Ort aufbewahrt halten sich Veilchenbonbons bis zu 1 Monat.

Für die Herstellung von eigenen Gießformen einfach Puderzucker und Speisestärke gut miteinander vermischen. In ein 30 × 40 cm großes Backblech geben und zu einer gleichmäßigen, festen Schicht drücken. Dies erreicht man am einfachsten, indem man ein anderes Kuchenblech darauflegt und fest nach unten drückt. Einen kleinen Gegenstand mit Profil, wie beispielsweise einen dekorativen Knopf oder einen Fondant-Stempel in die zusammengepresste Zuckermischung drücken, sodass Einbuchtungen in akkuraten Reihen entstehen.

Wenn fertige Gießformen verwendet werden, diese leicht mit Öl einfetten.

Zur Herstellung der Veilchen-Bonbons Zucker und Glukosesirup in einen kleinen Topf mit schwerem Boden geben. 150 ml Wasser zufügen und den Zucker bei mittlerer Hitze unter ständigem Rühren auflösen. Das Zuckerthermometer am Topfrand einhängen und den Sirup aufkochen. Bei mittlerer Hitze gleichmäßig köcheln lassen, bis er eine Temperatur von 154 °C erreicht hat. Den Topf sofort vom Herd nehmen, Zitronensäure, Veilchenextrakt und eine winzige Menge Lebensmittelfarbe zugeben und gleichmäßig verrühren.

Den heißen Sirup in einen angewärmten Messkrug füllen und in die vorbereiteten Formen gießen. 1 bis 2 Minuten abkühlen lassen und, falls frische Blüten verwendet werden, mit einer sauberen Pinzette in jedes Bonbon vorsichtig eine Blüte oder ein Blütenblatt drücken. Vollständig auskühlen und aushärten lassen.

Aus den Formen entfernen und servieren.

Das Allerbeste, was es an altmodischen Süßigkeiten gibt: außen glänzend und strahlend rot und im Inneren Anissamen. Falls es bereitwillige Helfer in Hörweite gibt, würde ich laut rufen und sie zum Dienst verpflichten. Vier Hände sind besser als zwei, wenn es ans Schneiden und Drehen dieser kleinen Leckereien geht.
Anissamen und Anisextrakt oder -öl bekommen Sie in Fachgeschäften oder in diversen Onlineshops.

Englische Anisbonbons

Ergibt etwa 70 Stück

neutrales Pflanzenöl zum Einfetten
2 EL Puderzucker
300 g Feinstzucker
150 g heller Zuckerrübensirup
1 Msp. Weinstein
1 TL Anissamen
¼ TL Zitronensäure
ein paar Tropfen Anisextrakt oder -öl
rote Lebensmittelfarbe

Utensilien

2 große Backbleche
Zuckerthermometer

Aufbewahrung

Luftdicht in einem Glas oder einer Dose an einem kühlen, trockenen Ort aufbewahrt halten sich Anisbonbons bis zu 1 Monat.

Den Backofen auf 110 °C vorheizen. Einen Bogen Backpapier mit Öl einfetten und die Backbleche damit auslegen. Den Puderzucker auf das zweite Backblech stäuben.

Den Feinstzucker in einen mittleren Topf mit schwerem Boden geben, Zuckerrübensirup, Weinstein, Anissamen und 100 ml Wasser zufügen. Bei mittlerer Hitze den Zucker unter ständigem Rühren vollständig auflösen. Das Zuckerthermometer am Topfrand einhängen, den Sirup aufkochen und gleichmäßig köcheln lassen, bis er eine Temperatur von 149 °C erreicht hat.

Den Topf vom Herd nehmen und zügig die Zitronensäure zusammen mit dem Anisextrakt oder -öl sowie eine winzige Menge rote Lebensmittelfarbe zugeben. Gut verrühren, bis die Zutaten vollständig miteinander vermischt sind und der Sirup eine tiefrote Farbe hat. Auf das eingefettete Backpapier gießen und etwa 5 bis 10 Minuten stehen lassen, bis sich eine Haut auf dem Sirup gebildet hat und er so weit abgekühlt ist, dass man ihn bearbeiten kann.

Mit einer eingefetteten Konditorpalette die Ecken der Mischung vom Backpaper anheben und in die Mitte falten. So oft wiederholen, bis die Mischung zäh genug ist, dass man sie in die Hände nehmen kann. Sie sollte nun soweit ausgekühlt sein und sich verfestigt haben, dass man sie leicht bearbeiten kann. Die Hälfte des Sirups mit den Händen zu einem Strang von etwa 5 cm Durchmesser ziehen. Die Enden aufeinanderlegen und das Seil verdrehen, sodass es nun doppelt so dick ist. Die Enden noch einmal zusammenlegen, das Seil wieder auseinanderziehen, zusammenfalten und wieder verdrehen. Dieses Aufeinanderlegen, Verdrehen und Ziehen solange wiederholen, bis die Bonbonmasse kühl und fest, aber immer noch formbar ist.

Das Bonbonseil zu einem Strang mit einem Durchmesser von etwa 1 bis 2 cm ziehen oder rollen und mit einer sauberen Schere in 2 bis 3 cm lange Stücke schneiden. Die Enden jedes Bonbonstücks einige Male verdrehen, dann im Puderzucker wenden. Das Gleiche mit der anderen Hälfte der ausgekühlten Sirupmasse wiederholen. Sollte die Masse zwischendurch so hart werden, dass sie nicht mehr geformt werden kann, legt man sie für 30 bis 60 Sekunden auf das eingefettete Papier im Backofen (untere Schiene), bis sie wieder formbar ist.

Die Bonbons abkühlen und aushärten lassen und in Gläser oder Dosen füllen.

Zuckerstangen – wer liebt sie nicht? Mehr als jede andere Süßigkeit stehen sie für Weihnachten und machen einen Weihnachtsstrumpf oder ein Geschenk erst komplett. Sobald Sie im Herstellen von Zuckerstangen geübt sind, könnten Sie sogar versuchen, noch eine dritte Farbspirale einzufügen.

Zuckerstangen

Ergibt etwa 12 Stück

neutrales Pflanzenöl zum Einfetten
225 g Feinstzucker
50 g Glukosesirup
½ TL Weinstein
1 TL Pfefferminzextrakt
rote Lebensmittelfarbe

Utensilien
Zuckerthermometer

Aufbewahrung
Zuckerstangen idealerweise erst 1 bis 2 Tage nach Herstellung servieren. Sie sollten einzeln in Zellophan verpackt und an einem kühlen, trockenen Ort aufbewahrt werden.

Den Backofen auf 130 °Grad vorheizen, das Arbeitsmaterial vorbereiten und alle Zutaten abwiegen, denn sobald der Zucker kocht, muss schnell gearbeitet werden. Zwei Backbleche mit Backpapier auslegen und das Papier gut mit Öl einfetten. Eine Konditorpalette und einige Küchenscheren ebenfalls einfetten.

Zucker, Glukosesirup, Weinstein und 75 ml Wasser in einen kleinen bis mittleren Topf mit schwerem Boden geben und langsam unter ständigem Rühren zum Kochen bringen, bis sich der Zucker vollständig aufgelöst hat. Das Zuckerthermometer am Topfrand einhängen. Bei mittlerer Hitze etwa 5 Minuten weiterköcheln lassen, bis der Sirup eine Temperatur von 149 °C erreicht hat. Nun zügig arbeiten. Den Topf vom Herd nehmen und den Pfefferminzextrakt untermischen.

Den Sirup zu gleichen Teilen auf die vorbereiteten Backbleche gießen, ein winziges Tröpfchen rote Lebensmittelfarbe auf eines der Bleche geben und beides etwa 1 Minute oder so lange, bis sich eine dünne Haut auf dem Sirup gebildet hat, abkühlen lassen. Nun immer nur auf einem Backblech arbeiten, mit dem ungefärbten Sirup beginnen. Mit der eingefetteten Konditorpalette die Ecken der Sirupschicht anheben und in die Mitte umschlagen. Den Sirup immer wieder vom Rand in die Mitte falten, bis er abkühlt, eindickt und klebrig wird. Sobald die Masse soweit abgekühlt ist, dass man sie anfassen kann, schnell mit den Händen nehmen und zu einem dicken Seil ziehen. Die Enden aufeinanderlegen und zu einem dicken Seil drehen. Wieder an den Enden auseinanderziehen; dieses Ziehen und Drehen so lange wiederholen, bis das Seil eine hellere Farbe bekommt, fest wird und abkühlt. Die weiße Zuckermasse zu einem Strang mit einem Durchmesser von 2 cm ziehen und auf das eingefettete Papier legen. Diesen Vorgang mit der roten Zuckermischung wiederholen. Das rote und das weiße Zuckerseil sollen die gleiche Dicke und Temperatur haben. Falls nötig, kann man das weiße Zuckerseil für 30 Sekunden in den warmen Ofen legen.

Das rote Zuckerseil auf das weiße Zuckerseil legen und vorsichtig auf der Arbeitsfläche hin- und herrollen, sodass sie zusammenkleben. Nun das Seil an einem Ende verdrehen, sodass die Farben sich zu einer Spirale vereinigen – eventuell muss währenddessen leicht an den Enden gezogen werden, um den Durchmesser des Seils zu verkleinern. Das Seil mit der eingefetteten Schere in 15 cm lange Stücke schneiden. Jedes Stück an einem Ende nach unten biegen, sodass man die typische Zuckerstangen-Form erhält. Auf sauberes Backpapier legen, bis sie ausgekühlt und durchgehärtet sind.

Sollte die Zuckermasse zwischendurch zu hart und brüchig werden, legt man sie auf ein mit Backpapier ausgelegtes Backblech und wärmt sie für 10 bis 20 Sekunden im Ofen an, bis sie wieder formbar ist.

Geschenke verpacken

Wenn Sie Süßigkeiten oder Pralinen herstellen, um sie zu verschenken, machen Sie sich bereits einige Mühe – und mit ein bisschen zusätzlicher Kreativität können Sie Ihre süßen Köstlichkeiten in völlig neue Sphären heben.

Ich sammle Gläser, Schachteln und Dosen, die vorher oft einem ganz anderen Zweck gedient haben und sich perfekt zum Befüllen und Verschenken eignen. Halten Sie auf Antikmärkten oder im Internet Ausschau nach Vintage-Bonbongläsern: Sie sind eine Zierde auf Ihrem Küchenregal, und gefüllt mit selbst gemachten Süßigkeiten werden Sie zu einem besonders charmanten Geschenk. Ich fülle gern kleine Marmeladengläser mit kandierten Mandeln oder Trüffeln und verwende sie als Tischdeko oder Gastgeschenke auf Hochzeiten und Partys.

In einer Schachtel hebe ich Bänder und Bordüren auf, die sich als Verzierung für Süßigkeiten-Päckchen eignen – einige Bänder sind neu, andere sind klassisch-altmodisch und wieder andere erleben schon ihren dritten oder vierten Einsatz. Ich kann unmöglich an einem Kurzwarengeschäft vorbeigehen, ohne schnell reinzuschauen und meine wachsende Sammlung um ein weiteres Stoffband zu erweitern.

Altmodische braune Gepäckanhänger aus Pappe geben Schachteln und Päckchen einen Vintage-Flair. Gummistempel gibt es mittlerweile in unzähligen Formen, Figuren und Mustern, und Stempelkissen bekommt man in fast allen Regenbogenfarben – eine ganz wunderbare Art, Anhänger und Schachteln aufzupeppen. Falls Sie planen, im großen Stil Geschenke für Feinschmecker zu kreieren, wäre es vielleicht eine

Überlegung wert, sich einen individuellen Stempel anfertigen zu lassen.

Durchsichtige Zellophantüten findet man in Bastelgeschäften; es gibt sie in allen Größen: solche, in die nur ein oder zwei Trüffeln passen, bis hin zu solchen in Familiengröße. Sie sind toll für Süßigkeiten, die nicht so leicht zusammenkleben, wie zum Beispiel Schokotrüffeln, Marshmallows, Popcorn oder Honeycomb mit Schokoglasur. Vergewissern Sie sich immer, dass alle Verpackungen sauber und lebensmittelecht sind.

In Schreibwarenläden finden Sie Mini-Wäscheklammern aus Holz, damit können Sie Tütchen aus Transparentpapier oder Gastgeschenk-Tütchen auf originelle Art und Weise verschließen. Hübsch gemusterte kleine Tüten gibt es in Bastelgeschäften oder im Internet in einer riesigen Auswahl an Farben und Mustern, aber man kann sie auch ganz einfach selber machen. Alles, was man braucht, sind ein hübsches Papier, Backpapier für eine Innentüte und ungiftigen Kleber, um die Ecken zu verschließen.

Denken Sie daran, allen Geschenkpäckchen einen Aufbewahrungs- und Servierhinweis beizulegen – einige Trüffeln werden am besten im Kühlschrank aufbewahrt, bei Zimmertemperatur serviert und innerhalb weniger Tage gegessen, wohingegen man andere Süßigkeiten am besten sofort genießt.

Tipps und Bezugsquellen

Crème double
In vielen Rezepten wird Crème double verwendet. Diese Sahnesorte hat einen Fettgehalt von etwa 40–45 %. In Deutschland ist sie oftmals nur in gut sortierten Supermärkten erhältlich. Alternativ können Sie aber auch eine Mischung aus Mascarpone und Schlagsahne zu gleichen Teilen verwenden.

Vanillepaste und -extrakt
Sie sind u.a. in folgenden Onlineshops erhältlich:
www.greatbritishfood.de
www.vanillamart.de

Verpackungs- und Dekomaterial
Diese Onlineshops bieten eine große Auswahl an hübschen Verpackungs- und Dekomaterialien. Einfach mal stöbern und in die bunte Welt der schönen Kleinigkeiten eintauchen!
www.casa-di-falcone.de
www.backesshop.de
www.meincupcake.de

Noch mehr zum Thema Backen, Kochen und Dekorieren finden Sie in diesen tollen Büchern:

Cupcake-Deko-Lab
52 Rezepte und inspirierende Dekors für den experimentierfreudigen Zuckerbäcker

Ob Cupcake-Fondue, Tiramisu-Cupcakes im Glas oder Verzierungen mit kandierten Blumen und Früchten – mit diesem Buch kann jeder mit ein paar einfachen Schritten schlichte Muffins in wahre Kunstwerke verwandeln.

ISBN 978-3-86355-173-5
Preis: € 14,90

Knallbunt & zuckersüß
Das Party-Backbuch mit Zuckerstreuseln

In diesem Buch stecken massenhaft Spaß und Rezepte, die alle 100 % farbenfroh und zuckersüß sind. Bei Kuchen und Cookies ist noch lange nicht Schluss, allerhand Leckereien lassen sich mit bunten Streuseln verzieren.

ISBN 978-3-86355-220-6
Preis: € 14,99

Ein Kuss aus der Küche
Heißgeliebte Klassiker natürlich selbst gemacht

Hausgemacht und 100 % natürlich – Diese Leckereien lassen Feinschmecker-Herzen höher schlagen! Ob Frühstück, Süßes und Salziges – am liebsten würde man während des Lesens sofort loslegen.

ISBN: 978-3-86355-206-0
Preis: € 19,99

Register

Danksagung

Ich habe jeden Moment der Arbeit an diesem Buch genossen – angefangen bei den ersten Überlegungen und Ideen, über das Schreiben, das endlose Testen und Probieren und die Tage, an denen wir so viel Spaß mit den Fotoaufnahmen hatten, bis hin zur Schlussredaktion. Nichts von alledem wäre möglich gewesen ohne so viele unglaublich talentierte Menschen. Euch allen, die ihr mitgearbeitet habt: ein riesiges Danke!

Zuerst danke ich dir, Kyle, dass du mich ermutigt hast, diese Herausforderung anzupacken und so viel Geduld mit mir hattest, bis die Zeit reif war. Und Judith, die es ertragen hat, als ich mit meinen Ideen, Rezeptänderungen, Anfragen nach Stoffbändern und noch mehr Fotos vom Hundertsten ins Tausendste kam. Du bist eine tolle Redakteurin, und die Arbeit mit dir macht unheimlich Spaß. Danke an Tara O'Sullivan, Anne Newman und Jenny Wheatley dafür, dass ihr gründlich bei all den Kleinigkeiten wart, die doppelt und dreifach überprüft werden mussten. Und danke an alle anderen vom Verlag!

Und an Tara und Tabitha. Worte reichen hier nicht aus, um euch beiden zu danken. Ihr habt genau verstanden, in welche visuelle Richtung ich mit diesem Buch wollte! Die Tage mit euch beiden im Studio sind immer besonders lustig und kreativ – selbst wenn ich darauf bestehe, dass lächerlich viele Aufnahmen gemacht werden, wenn alles voll Zucker und Schokolade ist und das Tageslicht schon rasant dahinschwindet. Ihr macht immer die schönsten Bilder, habt dabei gute Laune und singt zu Madonna! Danke, ihr seid wunderbare Freundinnen. Danke auch an meine Marshmallow-Lehrlinge Saskia und Liliana, Kochen macht viel mehr Spaß, wenn ihr dabei seid! An Lucy Gowans für dein unglaubliches Design – ich liebe es! Danke, dass du dieses Buch zu so etwas Besonderem gemacht hast! Und an Heather Holden-Brown dafür, dass sie an Bord gekommen ist.

Besonders erwähnen möchte ich den einmaligen Mungo, der immer geduldig auf das Ende der Kocherei wartet, damit wir uns endlich wieder den wichtigen Dingen des Lebens zuwenden können: etwa, meilenweit über die Hügel zu laufen und jeden Kaninchenbau zu kontrollieren, den er unter Beobachtung hat. Er ist einfach ein unverzichtbarer Teil des Teams.

Schließlich danke ich noch Hugh, der so ziemlich jedes Rezept in jeder Entwicklungsphase gekostet hat – ein harter Job, aber irgendwer muss ihn ja tun. Danke euch allen!